「甘え」とスピリチュアリティ

土居健郎、フロイト、空海、そして「私」

熊倉伸宏

新興医学出版社

本書を、われらが師、土居健郎先生の魂に捧げる

この本を手にされた方へ

人には人として生きるべき道がある。自ずと守るべき道がある。しかし、その道が見えない。それが「神の殺害」の時代、つまり、現代である。それでも、心の臨床で人は、「何故、生きるか」、「如何に生きるか」と問いつづける。

心理学や精神医学など現代の精神科学において、幾つもの先端的頭脳が、「生」の問に取り組んだ。フロイトの精神分析と土居健郎の「甘え」理論はその典型であった。私は心の臨床家として人の「生」に関する問を探り、土居からフロイトへと遡り、空海にまで至った。一人の平凡な精神科医として、私は彼らと出会い多くのものを学んだ。この本は私の探索の記録である。

一人一人が各自の「生きる道」を想いながら読んでいただければ幸いである。

二〇〇九年四月

著者

JCOPY 88002-172

目次

JCOPY 88002-172

プロローグ
…「生」への問…

人は何故、生きるのか。
人は如何に生きるか。

心の臨床家が人から繰り返し問われる問いである。そのように問われ続けるうちに、自らも、同じ問いを問い続けるようになる。こうして、「生」への問から逃げられないと知ったとき、真の臨床家への道が始まる。

私は心の臨床家である。そう言うときに私の心には後悔に似た一つの感情がある。私が今までに身に付けた専門的知識と技法は、「生」への問に直面して、本当に役に立つのだろうか。専門家として必要な、もっとも大事なものを私は学んでいないのではないか。「最も大切なものを欠いている」。「欠如」感覚。今まで、そのような感覚から私は自由になることはなかった。

そもそも、心の臨床家は人の生と如何に関わり、その苦悩に如何に応えようとするのか。心の科学が人にとって意味あるとすれば、それは人の生きる「道」が何処にあるかを語ることが出来たときである。心の病の治療も、否、体の病の治療でさえも、人の生に役に立たねば意味がない。

しかし、人の生に関する確かな答えは心の臨床家の及ばない所にある。雄大な時空を超えた世界の中に、人と人との膨大な出会いの中に、心の深奥にある。

「生」への問に私は答える術を持たない。

それが正直な実感である。そういえば謙虚な人だと評価してもらえるかも知れぬ。しかし、真実はそうなのか。真実には裏がある。背理がある。何処にあるか。

心の臨床家を訪れる多くの人は臨床家との出会いの中で、「生」への問に答えを出していく。現実に心の専門家が存在し有効に機能している。臨床家との出会いからは出るはずのない答えが現実に導き出される。何故、不可能が起きるのか。そのカラクリは何なのか。本当の謎は此処にある。何故、心の臨床家が存在可能なのか。そのことこそが、私にとっては謎であった。

JCOPY 88002-172

心の専門性は技法によって成立する。

臨床は技法の中で実践される。技法の重要性を幾ら強調しても足りない。それほどに技法は重要だ。技法故に専門家が存在し得る。専門的援助が可能になる。技法の中に「心」がある。しかし、技法そのものは心ではない。技法の中に居て技法を超え出でる。超え出でた何処かに心の深み、精神性の世界がある。しかし、何処に。如何に精神性の世界を見るのか。その心の世界に如何に関わるのか。

現代という特異な時代では死に絶えたと思われていた古典的なテーマが、今、新しい姿で、此処に再登場する。

それは、「超える」こと、超越のテーマである。

超越への新たな関心。そこに心の臨床の謎を解く鍵を得る。その契機を、私は自分が学んだ先達の中に探求し続けた。精神性の世界。それは「神の殺害」の時代における超越論への再挑戦であった。このスリリングな関心から、この本が出来上がった。

私は「甘えの構造」で知られた土居健郎先生の傍らで多くのものを、直接に学ぶことが出来た。土居の「甘え」についての語り。そこに未だに知られていない深い精神性の世界がある。フロイト、空海の語りと同質の「何か」，途轍もなく普遍的なものがある。私は本書でその深奥を探る予定である。この意味では本書は土居先生の著書、「甘えの構造」の現代復刻版であり、続編である。

先生は勿論、心の研究の基礎を築いた一人であった。彼はフロイトを祖とする精神分析学の本質を追い続けた人であった。フロイトは無神論者とされている。一方、土居はキリスト者であった。そして、「私」は宗教も無宗教も関係のない人間、「神の殺害」の時代、つまり、現代を生きる者であった。

私個人は気が付けば既に現代を半世紀以上も生きた。現代人と言うには私は少し長生きし過ぎたかも知れぬ。私が生粋の現代人の資格を持つかは、読者の判断に委ねる他にない。でも、ここでいう「私」とは筆者個人であるよりも、「神の殺害」の時代を生きる現代人一般としての「私」のことである。現代的自我のことである。現代人は「自由」という困難な状況に投げ込まれている。そして、本書のテーマは自由の彼岸に何を見るかである。

その私が土居の「甘え」理論を学び、フロイトの精神分析学を学ぶ中で自ずと空海の著作に出会った。現代人としての「私」、土居、フロイト、空海を貫いて　自然への共通した感性がある。それは自然への畏敬に近い感情である。万人が時代と空間を超えて共有したであろう大きな精神性、スピリチュアリティの世界が、そこにある。それを言葉にして、可視的なものとして、読者の方と共有したい。


土居、フロイト、空海、「私」と並列するとき、私は思う。

思考とは人間関係の連鎖であると。人と人が織りなす綾であると。

精神性の世界は何百年の時空を一瞬で飛躍する場であると。

時を超えた偉大な人物も又、精神性の世界では良き隣人であると。

読者の方は御自分の頭脳をそのような思考パターンへとリセットして、ここでの思考を楽しんでいただきたい。


先ずは、私が思考の素材として本書で常に参照する著者たち、つまり、空海、フロイト、土居が生きた時代を示そう。

…………………………………………………「私」（一九四二年〜　）
………………………………………土居健郎〈一九二〇年〜二〇〇九年〉
…………………フロイト・S（一八五六年〜一九三九年）
……空海（七七四年〜八三五年）

人間関係は縦糸と横糸が織りなす綾である。縦糸と横糸の中で、人の生について考える。誰でもが心の中で行っていることである。

「私」と土居、フロイト、空海の関係には縦糸、つまり、権威性（オーソリティ）の傾斜がある。三人は「私」にとって偉い人である。土居先生は「甘え」理論で既に知られている。しかも、私にとっては直接に教えていただいた恩師である。フロイトは私の師、土居先生が生涯をかけて取り組んだ先達である。そして、土居とフロイトの思考を解読するうちに私個人は、もう一人の偉大な個性、つまり、空海の世界、彼の自然観に馴染むようになった。

当然のことながら、彼ら三人は歴史的に私よりも前におり、社会的にも私より遥かに大きな権威である。彼らは心の世界の権威であり、私と彼らの関係は縦の関係である。しかし、このように言っただけでは大切な視点が欠けている。

彼ら三者は、私にとって遙か上空に仰ぎ見るだけの存在ではない。私が難解な問題に出会うと何時も心の中で膝を付き合わせて相談するのは彼ら先達であった。総ての人間関係は常に縦糸と横糸から紡ぎ出される。彼らは時に、「私」とは最も親しい友人・家族よりも身近にいる。その関係の特性は「親しみ」である。最も気楽で分け隔てのない横並びの関係、「相互性（レシプロシティ）」の関係にある。「私」と偉大な人との関係においては、空海のような古人であっても、親しみの感情は変わらない。そこには時空を超えた懐かしい「ふれあい」がある。

人間関係が織りなす綾の中に立ち現れる思考の形、そこに自ずと現れる心の世界、精神性、スピリチュアリティ。そこに自ずと見えてきたキーワードを本章の章立てとした。

本書の構成を説明する。

第一章は「『自由』について」という小さなエッセイである。本書を書く十年ほど前に自分の徒然な思考を書き留めた未発表のものである。当時の私の問題意識は、この本での思考の出発点を素朴に表すものとなっている。幾分、個人的で荒削りな文章であるが、導入部として気軽に読んでいただきたい。

第二章は「『信じること』について」である。

「如何に生きるか」という問は、「何を信じて生きるか」という問を生む。「私」は何を信じているのか。否、人は生きている以上は何かを信じている。それは何か。ここに、「信ずる」こと、それ自体を論じる視点が必要であった。

誠実なカトリック信者の土居先生と無宗教である私では信じるものが異なるのではないか。土居先生と私の師弟関係においては、それが私の基本的な疑念であった。この章では、土居先生と彼の患者、先生と私、私と私の患者という出会いを再分析し、その人間関係の綾の中で「信じる」とは何かを考え直した。生々しい出会いの分析であるが、生きた素材でないと、このテーマを論じることは出来なかった。

ここで語られるテーマは、「隠れた信仰」についてである。それは人が心の奥で信じる「何か」、精神性の世界である。個別宗教を超えたところにある素朴な信仰的要素、人間の基底的な心の作用、「信じる」という心の動きそのものが本章の関心事である。

第三章は「『自分』について」である。前章では、「信ずる」ことを人間関係の中で捉らえた。本章では、それを受け、自我を土居先生の「甘え」理論の再解釈によって論ずる。つまり、自我を縦横に編み込まれた人間関係の総体として再解釈した。ここでは、人と人を結ぶ縦糸と横糸の特性を、権威性と相互性と捉えた。特に、人と人の「ふれあい」について考える。

第四章は「『罪意識』について」である。この章では人が生きる道、つまり、行動規範について、さらに一歩、踏む込むことにした。実際には、人の行動は「信じる」という行為だけでは規定されない。これに罪意識という行動規範が加わる。ここでは人の心の奥にある棘（トゲ）、罪意識について考えた。

フロイトから土居に至る罪意識の考察は「神の殺害」という現代的テーマを「私」に投げかける。

罪意識が死に絶えたかに見える現代、罪意識は空虚感、乃至は「欠如」感覚へと姿を代えて人を支配する。ここでの考察は「欠如」、つまり、「空（クウ）」についてである。

第五章、『父なるもの』について」では、人間関係の縦軸、つまり権威性の問題をフロイトの著作から考える。「父なるもの」とは父性であり、権威性であり、人が信じ従うべき何ものかであり、神性である。それはパターナリズムの根拠である。この章では特に、無神論者と言われたフロイトが「神」を如何に扱ったかを取り上げた。実は、無神論者といわれた彼は彼方に個別宗教を超えた大きな精神性の世界、つまり、「もう一つのもの」の存在を予感して、そこで立ちすくんでいた。余り知られていないフロイトの素顔を読者も共有していただきたい。

第六章、『自然なるもの』について」は、思考の出発点となるべき自然について自由に考えたエッセイである。「信じる」ことや、「罪意識」について考えると、「私」の思考は必然的に「自然」へと誘われた。この章では私の個人的体験を加えて「自然と出会う」とは何であったか。そこで「私」は如何に土居、フロイト、空海と出会ったかを書いた。

第七章、『終わる』ことについて」では、人の苦悩が終焉するとは如何なる現象かについて考えた。本書で取り上げたものは全て終わりなきテーマである。しかし、思考は何時かは終わらねばならない。人の「生」の本質も「終わり」にある。そこで「終わり」そのものを考えて結びとした。ここでの思考は空海の論文「吽字義」なしには不可能なものであった。難解と言われる空海の著作を興味深く読ませてくれたのは、実は、土居とフロイトに秘められた精神性の世界であった。私は何時しか空海の著作の愛読者となった。その結果、土居、フロイト、空海の全てを貫いて、膨大な大自然に対する感性、強烈な霊的なもの、自然への畏敬があることを感じるようになった。それは今も私の臨床を支える「隠れた何ものか」であり続けている。

本書の内容はこのように構成されている。ただし、実際に各章を連続して書き下したわけではない。それぞれ、異なった時に専門書に掲載したものである。書いた時点での生きた思考を残すために、本書では敢えて加筆、修正を最小限に留めた。

本書が読者の心の一番、奥にある「何か」に訴え、「生」について思考する素材となることを願う。

第一章　「自由」について

一．自由という病

心の治療がある段階まで進展し、患者が将来に選ぶことの出来るいくつかの可能性が見えてくると、患者はかえって当惑しながら、「私はこれからどうしたら良いのですか」と治療者に問うことがある。その不安を受け入れる言葉を語りながらも、結局は私も他のほとんどの治療者と同じく、「ここから先はあなたが決めることですよ」と答える。

自由なる意志による選択は誰もが肩代りすることも出来ない重みを持つ。そんな風に思う。しかし、自分の言葉が虚ろに感ずる。患者にしてみても親密であった治療関係が突然、遠ざかって見える瞬間であろう。自由な選択が如何なる結果をもたらすか。精神医療、いや現代という社会は自由な選択の背後にも各種の強制を用意している。自由な選択であったはずの行為が強制入院に結果することも少なくない。現代においては、自由と鉄格子は対になって存在する。従って自由な選択が患者の不安を呼び起こすことは良く理解できる。何のためにこの時点で、私は治療者として患者の自由なる選択を持ち出すのであろうか。西欧の精神分析が自我の自立という考えに捕らわれ、患者の示す無力感に気付かない傾向にあることは、既に土居健郎先生が指摘している所である。治療者が自我の自立と自由な選択を口にするとき、治療者の無意識は自由について何を語ろうとしているのだろうか。

自由とは不思議な言葉である。私にとって、それは今でも、やはり謎である。しかも現代人の誰もが多少とも信仰している謎である。私がかつての刑法学者のように「人間は自由な存在ではない。生まれながらにすべてが決定しているのだ。犯罪者になる運命でさえも決定しているのだ」と表明したらどうであろうか。科学が物質界で法則性を探るごとく、心的世界でも法則を求めるなら、科学もまた心的決定論の思想に組するのではないか。そして心的決定論は必然的に精神障害者の保安処分の思想をも生み出した歴史がある。私が心的決定論に陥れば他者は私を危険な思想を持った人間とみるであろうか。精神分析の心的決定論とはそのように危険なものであろうか。その危険を恐れて、私が「自由こそ人間が最終的に信ずることの出来る価値である」と表明するならば、聡明な他者はそのような私の心に自由を見ないであろう。ただ口先だけで、自由を絶対的な価値であると語る偽善があらわになるだけである。哲学者ヤスパース・Kは「何時の時代も強制は無くならない」と明快に言い切る。しかし、それ以上は何も語らない。

心理学も精神病理学も精神医学も、現在の精神科学は自由の問題をどう取り上げていくつもりなのだろうか。精神医療において、患者の自由と権利はあれほどに重要な課題であるのに……。私の自由にかんするモノローグはいつもこのように混沌の中に消えてしまう。私の知る限り現代の重要な問題は多くは自由の問題に行き着いて議論が終わる。それにも拘らず、自由そのものを論ずる言葉を私たちは発明していない。あたかも自由という言葉が学問的タブーであるかのごとくに……。今、私たちの思考は自由という言葉が語られるとそこで停止する。私たちの知恵は、自由という言葉を聴くと、それ以上、深い思考に進めない。そのようにプログラムされていると私は思う。こうして私にとって自由という言葉は現代の多くの問題が流れ込む謎の領域を指すことになる。それは私たちの思考と論理が挫折する宿命にある不可解な領域である。多分、それ程に私たちの思考は「自由という病」に冒されていると私は思う。

確かに心的決定論はいつの時代にもあった。生まれてきた子供の心が白紙の状態であるか。すでに何かが書き込まれているのかという議論は過去にもあった。しかし二十世紀に入って、心的決定論は科学の衣装をまとい始めた。精神分析は人間の心が何ものかに決定されていることを語り、自らを科学と称し心的決定論の立場に立った。そして実験心理学はもちろん現代科学は、何らかの意味で心的決定論の立場に立った。社会学も、マルキシズムすら同じであった。確かに実存哲学など、いくつかの哲学的思考は、人間の自由の問題を回復しようとしては無力に消えて行った。そして現在人の知恵は、「自由という病」の中に棲んでいて、同時に、決定論的な人間観を持つ。現代人の知恵は自由についての自己矛盾をはらむ。自己矛盾への鈍感さ。そのような現代人の心性こそが私にとっては限りない謎となった。

二．何故の自由か

自由という病の中にいる私たちは、自由をどこから考えれば良いのであろうか。私自身の思考がこの自由という病から、どのように抜け出すことが出来るのであろうか。私はフロイトを思い出す。かつて、アインシュタインが戦争防止についてフロイトに協力を呼びかけたとき、フロイトの答えは「何故の戦争か」であった。フロイトは、「あなたをはじめ私や他の多くの人たちが、こうまでも戦争に反対するのはなぜでありましょうか」と問い返すのであった。さらに、「これ程までに人が戦争を嫌いながら、戦争をすることがいまだに、すべての人の合意によって否定されていないことは、まったく不思議に思われるのです」と問い続けたのであった。フロイトは戦争防止の手段を直接、論ずることを好まず、「戦争に反対する心理」の背後にあるものを取り上げたのである。その後、戦争の大量殺戮に関与したのはアインシュタインの核理論であった。

そこで、私もフロイトに習って、「私たちがこれほどまでに自由を求めるのはなぜでありましょうか」と問うて見よう。さらに、「自由がいまだに、すべての人の合意によって肯定されていないことは、まったく不思議に思われるのです」と語ってみよう。何故に人は、「自由」を絶対的な「善」のごとくに扱うのであろうか。絶対的な自由が保障された社会は存在しないことを皆、知っているのに。何故に自由が社会的問題の答えのごとく扱われるのか。私もフロイトに習って、自由獲得の手段を論じないで、「自由への欲求」の由来を考えたいと思う。

三．自由への欲求

自由への欲求については、サルトルの秀作「出口なし」に見事に語られている。ある未知の空間で出口のない部屋に閉じ込められた人たちが自由を求めて、そこから出ようと啀み合う。突然、扉が開く。人々は氷のような沈黙に陥る。誰も未知の自由な空間には出ようとしない。自由が欠けている時にのみ人は自由を叫んだのである。サルトルにとって自由とは常に何かの「欠如」であった。サルトルはただ、「人間は生まれながらにして自由の罪に処せられている」と語る。

私は本書で「欠如」の正体を見たいのである。

ある女子校生が死んだ。「幸せすぎて」という遺書を残して。甘やかされた現在人の不思議として報道された。私はそこに自由という病を見た。それより昔、「人生、不可解」といって死んだ学生のことを聞く。私はこれには共感が少ない。少なくとも死という答えを持った生がそこにはある。不可解は現代においては生きる理由でしかない。しかし自由は充すことの出来ない絶対的な欠如であり虚無である。一度、自由という病が支配すると、幸せにおいて人は絶対的に孤独となる。そこでは死すらも無意味であり、答えではない。

ある高校生の自由についてのエピソード。ある日、彼は陸橋の上から、下に走る列車を見ていた。幼時、そのようにして汽車の煙の中に友人と戯れたものだった。しかし、この日は異なった。彼は一つの問いかけを自分に課した。「ここから飛び降りるのも自由なんだよ。これはおまえの選択なんだよ。飛び降りるか、飛び降りないかどちらを選ぶ」と。彼にとって、これはゲームであった。ロシアン・ルーレットのようなゲームであった。飛び降りることは容易であると彼は知っていた、そして、それを確認し彼は満足した。彼は束縛するなにものも無いことを確認したかったのである。それほど自由で在りたかったのである。それは何からの自由であったのか。愛する母からの自由か。母の愛の届かない真実、「秘密」をそこに確認して、母からの自由を得ようとしたのだろうか。死が身近であることに救われて、彼は生きることができ、また自由であったのか。母の愛のもとで彼は自由であり、また決定的に束縛されていた。秘めやかなる世界、母への両価性の感情、オエディプスの罪、神への畏れ。そして、自由。全ては彼には一つであった。

時に、私たちにとって快楽が自由であった。学生時代に友人とあって皆がいう言葉は、「何か面白いこと無い」であった。それほど自由であり、楽しいことは沢山あり、幸せすぎた。しかし結局、自由は無であった。そして、私にとって自由はステューデント・アパシーの始まりであった。自由、そして信じるべき「何ものか」の欠如。アパシーにおいて人は自由である。誰も私の苦痛に触れることが出来ないという気持ち、絶対的な孤独感、そして無力感の中で、人は自由であり、大胆である。フロイトは父がドイツ人の前で卑屈に振舞うのを見て絶望し、自分はローマと戦ったハンニバルのような英雄になろうとした。そして、ユダヤ人としてドイツ人に父の仇討を誓った。ローマ人に仇を打つように祭壇の前で誓わせたハンニバルの父ハミルカルを自分の父と比べ、フロイトは自分の父のふがいなさを嘆いたのである。そしてフロイトは見事に仇討をし、世界を征服した。父権の喪失と無力感から彼は征服へと向かったのである。

そのようなフロイトを土居は「自らが神の座に座った」と批判した。

四．自由の彼岸

現在人は自由という病を病んでいる。初めから自由で、敬するべき人をもてない人たち。権威による保護を持ち合わせない人たち。父なき世代の人たち。それが現代人である。現代人にとって自由の意味は、権威の絶対的な欠如である。現代人が、自由と自己決定を論ずることを避けられないのは、それ以外に語るべき何もないという「欠如」の表現に過ぎないのだ。心的世界は虚無に満ちて自由しか語れないのである。自由が庇護の喪失、苦悩であっても、現代人は自由でしか有り得ない。私は思う。信ずべき権威、神が既に殺害されたという記憶を内に秘め、しかも、その苦痛を直視できないために、現代人は自由でしか有り得ないのである。

フルボーン病院のいたずらがきに、「神は私を無神論者に選んだ」とあった。自由の意識は、かつて自らが殺害した神への片思いの意識であった。それは予言を逃れるためのオエディプスの旅であった。私たちが絶対的に自由であるのは、神の殺害者としての自分を発見することを恐れ、過去の父親殺しの記憶を否認する限りにおいてであった。自由とはいつまでも無という虚構の中に旅を続ける努力であり、アパシーに留まる努力であった。それは近い過去に起きた権威の殺害を忘れるために父なき社会が作り出した最終的な防衛機制だった。自由なる現代人が解くことが出来る謎は、通俗科学というパラダイムにおけるパズル解きだけである。それはオエディプスがスフィンクスの謎だけは解くことが出来たのと同じである。

しかし……

私たちは自由の背後にあるものがいずれは圧倒的な力を持って登場することを予言され、恐れているのだ。私は現代人をロゴフォビア（ロゴス恐怖症）と診断する。頼るべき何ものかを求め、論理と言葉と真実を渇望する余り、言葉が彼岸から自ずと語りかけるものを恐れ、結局は言葉と論理を恐れるのである。自ら問われる位置に居ることを避け、問う側の人であり続けようとする。受動性の欠如。結局、すべてが、再び無に帰する。私はそこに父なるもの、ロゴスへの同一視と崩壊の過程を再び見るのである。そこに自由という病を見るのである。

そして、時代は今もなお、自由という砂上に新たな繁栄の構造物を構築し続けることしか知らない。

追記

……十年以上前に書き留めたこのエッセイ。心の臨床を訪れる人の心の奥に「自由という病」がある。自由の中に不具合に閉じこもる現代人の心がある。自由の彼岸に何があるのかを見なくては私の臨床は一歩も先に進めない。自由という言葉が持つ虚無的で自閉的な色彩。それを払拭しなければ、自由を病む多くの患者達との相談は上手くいかないと、当時の私は感じていた。

その後、私は、「欠如」、「信頼」、「自我」、「罪意識」、「権威」、「自然」、「終わり—死」などについて考えた。本書はその記録とも言えよう。

第二章　「信じること」について

……土居健郎における「甘え」と「信仰」……

一．はじめに

人は人を求めて生きる。人には人を求める欲求がある。土居健郎先生はそれを「甘え」の欲求として定式化した。しかし、人を求めることは人を信じることと同じではない。ここに不幸がある。それでは「信じる」とは何か。人は何を信じ、如何に信じるか。ここで取り上げるのは、臨床における「信じる」ことである。

治療は信頼関係の上に成立する。来談者は治療者を信じ、治療者は来談者を信じる。こうして心の臨床家は誰もが治療においては信頼こそが大切なことを知っている。しかし、実際の治療関係は純粋な信頼関係に導かれるとは限らない。不信も嫌悪も怒りもある。聞き手にとって耐え難い感情もある。しかし、「生きた」感情が表現できてこそ心の臨床の名に相応しい。それでは、生きた現実の過酷さに治療者は如何に耐えられるのか。如何に信頼関係を築きうるのか。

信頼とは何か。人を信じるとは何か。そう自らに問う。その時、人は自らの心の闇に直面する。恐れ、尻込みする。ただ、途方に暮れ、自己の無力を知る。この状況を体験した人は少なくないであろう。そのような人のために、この小論を書く。


実際の治療において、信頼関係に問題があると感じた時、どのように対応したら良いのか。忘れてはならないことは、その時、既に不信のテーマが始まっているのである。患者が、或いは、治療者が殊更に「信じる」ことの重要性を語ろうとする時、その人の心には既に一抹の不信が芽生えている。人の何が信頼に足るものか。人の何を信じるのか。信じることについて如何に語るか。治療者にとっても「信じる」というテーマは余りにトリッキーで難しい。

「治療者である貴方は何を信じて治療しているのか」と問われる。「治療者は価値中立的だから特別に信じているものはない」と答える。その時、治療者は価値中立性を信じている。人は無意識に何かを信じることなしに生きられない。むしろ、その無意識的な心の動きこそが「信じる」ことの本質かも知れない。

確かに、「信じる」ことのテーマは難しい。

しかし、信頼について鋭く問う論文が日本にはあることを、幾人の読者が知っているのだろうか。土居健郎先生の論文、「精神療法と信仰」(4)である。ここでは再度、同論文を導きの糸として、臨床における「信じる」ことについて考えたい。

土居先生にとって「甘え」と信頼のテーマは生涯の最も重要な課題の一つであった。「信ずる」ことのテーマについて、私が土居先生の著作から学んだもの、何よりも、先生との生きた出会いから学んだものを、分かりやすく後進の者に伝えたい。私はそう思った。こうして、この小論はできあがった。

土居先生の論文には、或る患者との出会いが書かれている。その出会いに加えて、先生と私、私と私の患者の三種の出会い、計四人がここでのストーリーの主役である。その多くは論文等で既に記録され公表されたものである。その出会いを貫く隠されたテーマが実は「信じる」こと、或いは、信頼関係であった。つまり、私が土居先生との出会いを通して、臨床における「信じる」ことの意味を探っていったプロセスを、ここに紹介させていただく。

二．「隠れた信仰」：第一の出会い（土居健郎先生と或る患者）

1．「精神療法と信仰」という論文

一九七一年、土居は「精神療法と信仰」という論文を書いた(4)。先ずは同論文を紹介しよう(9)。土居が受け持った治療困難例である。患者は幸いに回復した。その時に患者は土居に次のように語った。

「先生はお気づきにならないだろうが、私は先生に祈ることを教わった」

土居は驚き、かつ戸惑う。勿論、自分は祈りを教えた覚えはない。何故、患者がそういったのか、その原因が思い当たらない。

このエピソードを真に理解するには解説が必要になる。

当時から土居先生は、精神療法は価値中立的でなくてはならないと考えていた。臨床に宗教や思想は持ち込まない。先生の態度は徹底していた。実際に若い治療者が患者に神父さんのような言動を示すと、それに敏感に気づき、鋭く指摘した。精神科医は宗教家ではない。価値中立的な立場にいる。先生の思考と理論は価値中立的で、特定の思想や信仰は介入していないかに見えた。それ故に私のような無宗教の者でも、彼の臨床的思考を安心して受け入れることが出来た。その先生御自身が患者から、「祈りを教わった」と指摘されたのである。面食らったに違いない。土居先生ご自身

が自己分析へと向かうのは当然の帰結であった。

しかも、彼が自己分析で至った結論はより私を驚かせた。

「患者を照らしだす光が存在するという隠れた信仰が自分を支えていた。患者は正しかった」

これは彼の著作にはめったに見られない信仰告白ともいえる一節だった。そして、「私にはこれ以上は説明を続けることが困難であると感ずる」と結んだ。要するに、精神療法の根底には「信仰」、「祈り」があったと告白したのである。それは無意識的であったが故に、「隠れた信仰」と名付けられた。それは土居自身にとって意外な発見であった。そして無宗教の私にとっては大きな衝撃であった。

2.「隠れた祈り」

「隠れた信仰」には「隠れた祈り」がある。祈りは多分、隠れてあるところに本質があり力がある。無宗教の私でもその程度のことは思い至る。「隠れたもの」とは無意識的ということである。無意識的と聞けば直ぐに精神分析的解釈へと走りたくなる。職業病のように。しかし、土居が行った自己分析はそれとは異なっていた。一種の価値開明の試みであった。

この患者は宗教的信仰を持つ身でありながら、自分の人生で信ずべきものを見出せない。目の前にいる精神科医も神父も信頼できない。不信をあらわにする。一昔前ならば、職業選択はもとより家庭も、神の召命による必然的な行為だった。神に従って生きるのであるから、無力な自我も如何なる困難にも揺らがない。しかし、現代はそれとは異なる。最早、治療者すら神仏に頼ることはできない。信ずべきものがない時代。科学が臨床の困難を救ってはくれない。現代人は、そこに自己実現、「自分」という言葉をおこうとした。しかし、事態は好転しない。ニーチェの指摘したように、既に、「神は死んだ」のである。「父なるもの」の死である。もはや、心の臨床家は大した権威を持たない。不信の時代である。そこに土居はデュルケームのアノミーを見た。不信の時代が始まった。

そのように土居先生は考えた。

そして、土居が患者に問い掛けた言葉が、「こういう場合祈ることをしないのか」であった。患者自身の信仰が死んでいることを悟らせたかったからである。

その後、改善した患者が「祈りを教わった」と言うに至り、土居は自分に治療者としての「隠れた信仰」があったことを認める。その無意識な祈りが治療を支えたと……。この点で、土居の自己分析が興味深い。

「一体精神科医としての私の信仰とはなにか。それは私の前で患者が見せる暗い面をことごとく照らしだすことに存する。私はそのことからたじろぐまい、顔を背けることはすまいといつもかたく決心する。

照らしだすためには光が必要である。しかし私たちにその光があるのであろうか。一体いかなる光をもって私たちは患者を照らしだすことができるのであろうか」

ここで土居は「これ以上は自分では説明できない」と結ぶのである。

治療者の「祈り」と患者の「祈り」が無意識を通して呼応しあう。神秘的な結末である。しかも、彼方、何処かに心の深い闇を照らし出す「光」がある。そう信じる。それへ強く祈る。心の暗い面を照らし出して欲しいと、自分がたじろがないように支えて欲しいと……。祈りは照らし出す「光」に向かう。「光」は何処か外部から、彼方から来る。第三人称的で分析的思考を超えたものとして……。光はそれが在ることも、照らし出していることをも気付かせない。「隠れている」。真実を照らし出す光。文学的で美しい表現であって、それ以上に、きわめて価値的な色彩が強い一節である。私はそこに「父なるもの」、かつて神と呼ばれたもの、キリスト教的な絶対者への信仰を感じ取った。

治療者と患者の無力を照らし出す「光」への強い希求。そこに信頼と祈りを見る。いみじくも、土居はそれを「隠れた信仰」、「隠れた祈り」と表現した。この論文を読んでから、彼がここで「光」と名付けたものは、私の中で大切な、しかし、未知なるテーマとなった。こうして、この小論は無宗教者にとって「光」とはなにかという探究のストーリーでもある。

何年も経って、後に、私自身が受け持ったケースで、私は土居先生の追体験をすることになった。私はそのケースを「ヒカリ」と名付けて先に報告した(12)。ヒカリについては後章に取り上げる。

3. 価値中立性から価値への飛躍

土居先生の精神療法論を理解するには一つの理論的前提を知る必要がある。先ずは、土居が初期に書き残した一節を読んでいただきたい。

「価値はいわば、精神療法がその中で行われる空気のようなものである」(1)

これは土居の精神療法論にある中核的な考え方である。この考えは土居が初期から一貫して述べてきたことであった。そして、この考えは今も揺るがない。価値は彼のいわゆる「甘え」理論を特徴付け、他にない含蓄を保証する。価値中立性と価値の二重構造。土居の他に土居ほどに、その二重構造を真っ向から見据えた精神療法家を私は知らない。

この点を説明する。土居は精神科医として精神分析を本格的に日本に紹介した一人である。彼にとっては、精神療法、精神分析それ自体は客観的学問、つまり、価値中立的な試みであった。精神分析に限らず「分析する」ことは、理性で感性を切ることであった。分析行為はそれ自体で行為を生み出すことは出来ない。つまり、分析それ自体は終わることのできない粉砕の行為である。在るのは分析の無限地獄である。

一方、理性の無限地獄に終止符を打てるのは価値的な決断であった。価値判断とは「私は……を信じる」、「私は……を好む」、「私は……を選ぶ」などの判断のことである。価値とは好みであり、思想であり、信仰であり、理性を超え合理を超えた何かである。人間の判断が介入するところには、不確定性、未知がある。不確定性が与えられる範囲で人は意志決定の余地を得る。この意味で、判断は合理を超える。「生」そのものである。

治療行為が治療者と来談者によって創り出される「生」の営みである以上は、何処かで価値的なものが介入する。これら価値的なもの、信仰的なものは精神療法を根底から支え、それを成立させる土台となる。分析という終わりなき行為を終結可能にするのは、このような価値であった。つまり、臨床理論は価値中立の世界と価値の世界。客観的理論構築と価値開明の試みの二重構造からなって、はじめて実用に耐えられる。それ故に、実際の精神療法では価値中立の世界から価値への大胆な飛躍を体験せざるを得ない。この飛躍は現代の「知」にとっては危険なものである。しかし、大きな飛躍が出来なければ、価値と無価値を分かつ底なしの亀裂に身を落とす他にない。この時、治療者と患者は信頼関係で結ばれない。

反復になるが、「甘え」理論の理解に大切な部分なので、敢えて簡略化してみよう。

人間存在が合理を超えて在る以上、臨床行為が人間存在との出会いである以上、臨床行為は価値中立性と価値の二重構造の上に成立せざるを得ない。臨床実践で価値中立性を大事にする理由は、理論上、技法上の便宜的なものである。価値中立的なもの全ては、合目的的に、操作的に作り出された仮説的なものであった。「生きたもの」からの意図的な遊離であった。フロイトの精神分析も「甘え」理論も、表面的には、この価値中立性の領域で提示された仮説的理論の体系であった。しかし、臨床行為は正に生きた現実の中で行われる。「生」と直接に関わる。価値は「生きた現実」の世界にある。実践にある。この水準ではフロイトの精神分析体系ですら、その背後にある彼の「隠れた信仰」が問われるのである。価値あるところ、そこには価値開明の試みが避けられない。

土居先生が行った自己分析とは、フロイトの精神分析的なものではなく魂の世界への価値開明の試みであった。その中で先生と患者が作り出した新しい言葉こそが「隠れた祈り」と「隠れた信仰」であった。

上記論文は、正に、臨床家の思考が価値中立的世界から価値的世界に身軽に飛躍する瞬間を見事に、スナップショットのように切り出したものだった。このようにして治療は現実の「生」に切り込んでいく。稀有な例示であった。

三．「神の殺害」と「信頼」：第二の出会い（土居健郎先生と私）

1．神の殺害

ニーチェの作品に「狂人」が登場し広場で叫ぶ。「神を殺したのは誰か。何でそんなことが可能なのか。自分より大きなものを何故、人が殺害できるのか。人は大きな海を如何にすれば飲み干すことが出来るのか」。それを聞いて群衆は戸惑い笑う。土居先生が時折、引用する「神の殺害」である。神の殺害、その不可能が起きた時代、神を失った後の時代、それが現代であると土居先生は指摘する。

フロイトの宗教論を特徴づける言葉がある。「原父を殺害した罪意識故に神観念が生じた」である。これを受けて土居先生は、「現代における神の死の容認は単に従来の神観念の否定を意味するだけではなく、神を殺した犯罪への心理的参加を意味するものでなければならない」(3)と語った。共にニーチェのいう「神の殺害」から発想する。その絶望と罪意識から宗教を論ずる。しかし、土居先生は現代人の共通の罪悪感を「神の殺害への心理的参加」として描き出す。

当時、「神の殺害」とそれへの「心理的参加」の指摘は、全共闘という学生運動の直中にいた私の心に直接的に訴えた。殺害者である現代人は最早、確かなものから絶対的に隔てられてしまったのだと……。

ここからは暫く私と土居先生の実際の関係に話が及ぶ。青年期、「隠れた信仰」のテーマは、私と土居先生の関係においては極めて重要、かつ具体的な意味を持った。確かに、土居先生とその患者の信頼関係は「隠れた祈り」を発見して回復した。何故、回復したのか。背後には同じカトリック信仰があった。この論文は当時の私にとっては悩ましいものであった。

私は「神なき世代の信仰」、つまり、「神の殺害への心理的参加」を自分のこととして考えねばならなかった。ここまでは私は土居先生と思考を共にすることができた。しかし、その先に何を見るか。私はその先に土居先生のカトリック信仰を見た。土居先生の思考は同じ宗教的信仰を持った者にしか共有されない。私はそう思った。実際に、土居先生は敬虔な信仰者であった。そして門下生にはキリスト教信者が多かった。私はそこでは異端であった。

土居先生の信仰遍歴は印象的であった(5)。第二次大戦の最中、徴兵検査においてさえキリスト教信者であることを告白した。信仰を理由に戦争反対である旨を語る程の人であった。自らの母ともキリスト教信仰について宗派対立を厭わなかった。実母との葛藤とマリア信仰が関与し、「母なるもの」として結実し、そこに「甘え」理論が形成された。そのキーパーソンがホイヴェルス神父であった。「甘え」理論にカトリック信仰が占める意義は私の想像を超えていた。

一方、私は無宗教であった。私は思春期に教会から離れた経験を持っていた。未熟ながら、私は宗教に何かを求め、失望し、宗教に強い警戒心を持つ人間となった。そして、青年時代の私は神仏に手を合わせることすら忌避する人間となった。聖なるものから完全に遮断されて生きる現代人となった。私にとっては、ニーチェの「神の殺害」は否定できない生活実感であった。

その二人が共通に信じる第三項が何処に有り得るというのか。私と土居先生が同質の「隠れた信仰」を持つということが有り得るのか。私は考えた。私と土居先生が「隠れた信仰」を共有しないとすれば……。足場が異なれば、同じ言葉も異なったものを指す。二人の言語体系は異なる。最早、言葉は二人を繋ぐことはできない。こうして私の中で先生と結ぶ絆、信頼関係は根拠を失った。先生と私をつなぐ言葉が死ぬ瞬間であった。

今から思えば、これは実は治療者とクライエントとの出会いで日常的に起きている不信と同じ構造であった。これを説明する。
二者間の「信頼」関係は二者関係外にある第三項を共有することで成立する。「信頼」関係は当事者二人が共に「信じる」共有項の上に成立する。そこには他者性をもった第三項、確定項が想定される。第三項の確実性が「信じる」という傷つきやすい心理を、「信頼」へと純化する。その共有項は通常、「隠れて」在る。信頼の質は第三項への洞察によって決する。それが見失われれば、不信の直接的契機は常に些細なことで充分だった。そして、不信の理由は常に心にあった。当時の私はそれに気付いてはいなかった。

私と土居先生はこのような関係にあった。従って、問題の論文を初めて読んだ時、私が受けた衝撃は大きかった。「隠れた信仰」の正体が分からない。臨床行為の背後に信仰が「隠れて」在るとは如何なる意味かさえ分からない。

念のため、当時の疑問を整理して示す。先ずは第一の疑問である。「隠れた信仰」とは土居の個別的信仰、つまり、カトリック信仰なのか。そうだとすれば臨床行為に宗教は持ち込まないのが土居先生であるから、そこには欺瞞があったということなのか。私は欺かれたのか。それとも個別的信仰と「隠れた信仰」は異なるものなのか。

第二の疑問。臨床家は誰も、当然、私も又、隠れた信仰を持っているという指摘なのか。そうだ

とすれば私の中にある「隠れた信仰」とは何なのか。そんな代物が私の中にあるのか。「神の殺害」者が秘かに抱く信仰とは。そんなモノが何処に在るのか。

謎が謎を呼ぶ論文であった。しかし、今になって思う。本当は、私は信仰問題という煩雑な領域に踏み込むことを恐れ、それを避けたかっただけなのだ。

このエピソードがあって後、私は一九八四年に、「『甘え』理論の研究」を書いた(7)。それは私の土居研究の集大成であり、かつ、博士論文であった。その本の終わりに、「師弟であると考えるからこそ極限においては異なった道を歩まざるをえない」と結ぶことを私は忘れなかった。今だから言えることであるが、そこでは感謝の辞の影に、私は訣別の気持ちを込めたのだった。「隠れた信仰」を共有できない者は決別を覚悟する他になかった。

2. 神の殺害への心理的参加

一九八七年、私は、「精神科治療におけるpaternalismと自己決定に関する文献的な考察」という論文(8)を精神神経学雑誌に書いた。当時、私は英国留学から帰ったばかりだった。英国で学んだものは多かった。しかし、英国の研究を日本に紹介する者として生きようとは思わなかった。最も大事なものは自分の足下から発想するという英国経験主義こそが大切に思えた。そして私は改めて自分の足場を見つめていた。

「強制」治療の現実が見えてきた。そこに専門論文が一つもない現実があった。それは正に専門的、社会的タブーの世界であった。一人の人間にすぎぬ精神科医が、もう一人の人間である患者に「強制」治療という行為を行う。それが論理的・倫理的に正当とされるのは如何なる論理、条件においてか。それを私は知りたかった。それは人間存在の基盤を問う論文となった。この極めて地味で風変わりな医学論文は私の予想に反して、多くの臨床精神科医に読まれた。私は如何に同僚達に励まされたことか。

但し、この論文は私に大きな課題を残した。その後、私はパターナリズムの何であるかを論じねばならなくなったからである(11)。パターナリズムは倫理学、法学、社会学で用いられる価値中立的な専門用語である。例えば、精神病によって判断力を失った者に対して、純粋にその人の利害を守るために、「患者のため」と称して採られる行為のことである。この言葉によって、「強制」治療は法的に正当化されていた。パターナリズムとは父権主義と訳される。「強制」治療は「父なるもの」の名、正義の名で行われる。そこに正当性の根拠を置く。結局、そこには「父なるもの」の名が隠されている。「父なるもの」への問が伏されている。「父なるもの」とは正にキリスト教信仰の中核テーマであった。私はここでも又、煩わしい信仰問題に回帰してしまったのである。学問的研究は必ず信仰問題へと私を導く。皮肉な現実であった。

そこで私は考えあぐねた末、再び、土居先生を訪れることにした。そして改めて個人スーパービジョンを求めた。先生は快く受け入れて下さった。このような成り行きであったから、今回の先生との出会いでは、私の中には明確な問が存在した。それは信仰者と無信仰者の二人が心の世界で「隠れた信仰」を共有することが有り得るかであった。今回に限っては、「隠れた信仰」とは何かについて先生と話し合うことが避けられなかった。

土居先生は私の論文を見るなり、「パターナリズムは大事な問題だね」と肯かれた。このような迅速な反応は他の精神科医にはかつてなかった。そこで私は先生に率直に「隠れた信仰」について問うことにした。土居先生と私、つまり、信仰者の中にある「隠れた信仰」と、私のような無宗教者の中にある「隠れた信仰」は何かを共有するのか。共有しないのか。それが私の問であることを述べた。

土居先生は彼の宗教的信仰と「隠れた信仰」が関係していることは否定しなかった。しかし、「隠れた信仰」とはキリスト教信仰そのものではない。「隠れた信仰」とは、個別的信仰や「甘え」理論の基盤にある何かである。それは彼自身にも言葉に出来ない何か、無意識的なものだと応えられた、と私は記憶する。土居先生の中にはキリスト教信仰と「隠れた信仰」が二重に存在する。それを私が読み取らねばならない。私は彼の「隠れた信仰」の実体を彼の語りの行間で理解しなくてはならない。私はそう思った。

私は更に大きな謎に投げ出された感じがした。その当惑を表現するために以下のように多くのレトリックを用いてみた。

「私を支配する自由の意識。それは神への片思いの意識に他ならない」と、「神は私を無信仰者と定めた」とも言った。

「君がそこまで言う人とは思わなかった。ニーチェみたいなことを言う人だ」と先生は関心を示した。私の精神世界に対して鋭敏に反応する人と始めて出会った。このとき以来、先生は私の精神世界の最も深い理解者でありつづけた。

「私がこういうことを考えない人間だと、先生は何故、思ったのですか」と私は問うた。

「君はコンピュータや数学を良くするからね」と先生は冗談で締めくくった。

既に、何かが通じあっていることを私は予感した。しかし、二人の間で接点が持てない歯がゆさを残したままセッションは過ぎて行った。

今から思い返せば、「隠れた信仰」のテーマについて話し合うことが困難なのは当然であった。それは土居先生自身が「これ以上は説明するのが困難だ」と言った心の深みへの無遠慮な問い掛けだったからである。

ある時、状況を打開する不思議なスーパービジョンがあった。

その日のセッションでも、私は自分のこだわりを表現するのに一生懸命だった。そこで私は苦し紛れに次のように表現した。

「私は神という言葉で思考しない人間です」

この時、土居先生が示した反応を私は一生、忘れない。

私の言葉に対して土居先生は、「その言葉なら何処かに書いてある」とつぶやいて、突然、立ち上がった。そして書棚から取り出したのは、意外にも、旧約聖書であった。それは土居先生のスーパービジョンでは有り得ないことだった。学問と宗教を厳密に区別されるのが先生の基本姿勢であった。しかも、彼の開いたページには「神の名を語るなかれ」という十戒の言葉があった。見覚えのある一節がそれ程に新鮮に見えたことはなかった。十戒の言葉と、「神という言葉で思考しない人間だ」という私の言葉が同じに思えた。

私が語った言葉はニーチェの「神の殺害」の積もりであった。しかし、「神の名」の禁止は旧約聖書にもあった。この両者が同じ禁止を表す。そのことは私には思いも寄らないことだった。それは土居先生の固有の聖書解釈なのか。私は土居先生の信仰の質、否、思考の秘密に初めて触れた気がした。「神の殺害への心理的参加」という土居の言葉の意味を初めて理解した気がした。元々、先生と私は「隠れた信仰」を共有していたのではないか。そう思った。再び、言葉が通じ合った瞬間であった。

これ以来、私は無宗教か信仰者かは大した問題ではないと思うようになった。むしろ、人が心の奥で「信じるもの」、共有する足場、つまり、「隠れた信仰」に触れること、最も秘めやかなもの、言葉を超えたものを語り合うことの大切さを私は学んだ。隠れた第三項が共有されて在るらしいことが見えてきた。隠れた「何か」の存在。貴重な瞬間であった。事ここに至って、信頼関係が回復するのを感じた。私の中に土居先生への大きな感謝の念が芽生えた。信頼は感謝と共にあった。

3. 信頼と不信

今から思えば、土居先生と私の当時の関係を支配したテーマは信頼と不信であった。その答えが出た。個別的信仰と無信仰は基盤において何かを共有する。共有されたものは、「神の殺害への心理的参加」の意識であった。読者は不思議に思うかも知れない。しかし、そこにこそ人間の無力と愚かさへの洞察が可能になった。そこに既に「隠れた祈り」が存在した。

今にして思えば、土居先生自身も個別宗教と彼の信ずる「何か」との乖離によって深く苦しんだ歴史を持つ。宗教をめぐって彼は旧日本軍、家庭、そして当時の教会との間でさえ、深い葛藤を体験された。土居先生の中では個別的宗教の現実と彼固有の「隠れた信仰」が矛盾し続けたに違いない。この点では私と何ら変わらなかった。宗教的信仰を持つことがこれ程、困難なものならば、何故、宗教を捨てないのか。それは特定の信仰を持たない私が土居先生を見たときの偽らざる実感であった。

治療は「信頼」関係の上に形成される。治療において、「信じる」ことの大切さを疑う者はいない。しかし、重要なことは、「信じる」ことこそが困難で勇気がいることだった。「信じる」ことにおいて、人の心は開かれ裸になる。傷つきやすくなる。そこに自己防衛の機序が働く。そして信と不信の葛藤が産まれる。人が人である以上、「信じる」ことは不信と共にある。内なる不信に耐えることこそが困難なのだ。その葛藤を直視し葛藤に耐え信頼関係を樹立する力は個別的な自我にはない。自我はそれ程に脆い。他者との出会いの中、それを超えた彼方に何ものかを見据えるしかない。不動の第三項、絶対者を求める自己に気付いたとき、自我を超えた第三項への強い願いが内にあるのが見えてくる。現代人にとって第三項とは「不在」者であった。もはや、私には手が届かないものとして「絶対」という言葉がある。不在の中に、把握することも、名付けることもできない「何か」をみる。その「隠れたもの」を求めて、あたかも生物学的プロセスのように無意識的に作動する

「何か」、強い願いのようなものが自我の中で起動される。そこに祈りが在ったと気付く。こうして、既に「何か」を信じてしまっている自分が見えてくる。土居はその強い衝動、或いは希求を「隠れた祈り」と名付けたのであろう。フロイトの治療に患者たちが協力的であったのは、多分、何処かで彼らはフロイトの探求心の純粋さに強い祈りを読みとったからであろう。患者たちは彼の「隠された祈り」を信じたのであろう。フロイト自身が自覚しない形で彼は患者のために祈っていたのかも知れない。

土居が若き探究者であった時代、精神分析と宗教的信仰は対立的なものとされていた。しかし、土居は自らの宗教的信仰とフロイトの精神分析を対立的とは捉えてはいなかった。むしろ、彼自身は二つともに必要としていた。それは土居とフロイト共に強い「隠れた祈り」を秘めた人間だったからではないだろうか。共にニーチェにおける「神の殺害」に鋭敏に反応した人たちだった。そこが似ていたのではないか。私が共感したのも、この点だったと思う。問題は「神を信じるか」ではなかった。「神の殺害」の痛みの上に思考するか否かにあった(2)。隠れたものとは、「神の殺害」に関する何ものかであった。それこそが現代人を動かし、現代人の信頼を引き起こす力だった。読者は私のこのような理解を如何に思うだろうか。

四．「現代折衷派宣言」：第三の出会い（私とヒカリ）

1．現代折衷派宣言

土居先生との体験で私は考えた。「隠れた信仰」は如何に隠れて在るか。現に人が生きているということだけで、人は自らそれと気付くことなく何ものかを既に信じてしまっている。生きているという事実にこそ、「隠れた信仰」があった。そこに行為の起点があった。ただ、「神の殺害」が完成した現代、その信仰は「隠れて」のみ存在可能であった。ただ、このことに気付く人が極めて少ないだけだった。私も気付かない一人だった。不用意だった。無意識的で隠されたもの。それこそが「隠れた信仰」であった。そこに「隠れた祈り」があった。それは宗教的信仰以前の基本的な何かであった。少なくとも私に関しては、昔から信仰と祈りから自由な存在ではなかったのだ。その洞察を私は欠いていただけだった。私の人間理解が甘かっただけだった。

私にはここに述べたような土居体験があるから、「死の欲動」という本(12)に次のように書いた。「神の殺害の時代における信仰者の初な信仰と、無信仰者の隠れた祈りは同じ狂気を共有する」この小論をお読みの方は、今ならば、その一節の本当の意味をご理解いただけたと思う。つまり、私は、私の無信仰の彼岸に「隠れた祈り」を見た。私は考えた。個別的信仰を共有する必要はない。しかし、それを支える「隠れた祈り」は共有される。繰り返すが、共有するのではない。自ずと共有されるのである。こうして私は自分の中の「隠れた祈り」について考えることが出来るようになった。精神分析は何ものをも分析する。「祈り」すら分析対象としてしまう。しかし、祈りは開明されるべきものであった。フロイト以降の精神分析学の不幸はここにあった。分析の無限循環、終わりなき分析の不幸。そこから飛躍する突破口を私は見出した。

この体験を背景にして、一九九三年、私は第二の土居健郎先生の研究書を書いた。「『甘え』理論と精神療法」(10)である。私はその本に土居先生と私が共有したであろう足場、「隠れた信仰」について書き残した。私は自分の立場を「現代折衷派（modern eclecticism）」と規定した。そして現代折衷派の「隠れた信仰」は「絶対的権威の『欠如』という、否定の形態をとるので、それは、きわめて自覚されがたい」と述べた。「神の殺害」を現代人全員の共犯と見る。その帰結として現代人は皆、宿命を負う。私たちは欠如、否定という形でしか、「絶対」には達し得ないと……。そして、「欠如しているものは絶対的なものを語る『言葉』である」。「折衷派の存在価値は、いかなる単一理論の誘惑をも撃ち破れるだけの、徹底した『欠如』感覚を持ちつづけることである。そこにしか、あらたな理論は開花しない」。

その本の序を土居先生にお願いした。その一部を引用する。

「ここで彼がきっぱり『欠如』感覚と言い切ったところがなんともいえずいい。著者のいう折衷派とは、単なる懐疑論や不可知論に基づくものではなく、もちろんご都合主義とは無縁の何ものかである。そしてこの意味でなら私も現代折衷派に属すると言おう。私がそういうことに著者は敢えて反対しないであろうと私は考えるのである」

この文章を書いている今、先生のこの文章を見て私は改めて驚いている。先生の言葉は何時も私の予測を超えて大胆であった。確かに、先生と私は「隠れた信仰」の何かを共有したのだと思う。計らずも、私は土居先生と二人で現代折衷派の設立宣言をしたのだった。これは、もっと声高に人に報告すべきことだと思う。その時は、二人だけの最小党派であった。しかし、今、その存在意義を理解できる現代人は多いと思う。そして今後、この開かれた最小党派に自由参加する者が増えることを予測して、今、これを書いている。

今、改めて思う。土居先生は彼の思索の真髄を伝えてくださった。そして今の私は、ただ、先生との出会いに心から感謝する。それを語り告ぐことしか出来ない。先生が居なければ私の言葉を理解してくれる人は居なかった。そして、私は自分の言葉を捨て、心の臨床から身を引いていたであろう。

土居先生と先に述べた患者の出会いから、「隠れた祈り」、「隠れた信仰」という言葉が生まれた。

その言葉は土居先生と私の出会いを通して、私に引き継がれた。こうして私は臨床で「ヒカリ」と名付けた人と出会うことになった。

2.「欠如」と「空（クウ）」

土居先生との再会の後に、私は専門誌で次なるテーマ、つまり、「死にたい」と訴える患者の語りに取り組むことにした。そこで私は「何故、人は生きねばならないか」と問う患者の言葉に応えようとした。

このテーマに私が注目したのは臨床上の理由があった。いつも私は「死にたい」と訴える患者の前でたじろいだ。私は精神科医としての弱点を克服したかった。私が土居先生との関係で学んだ、言葉にならない「何か」への信頼。人生の困難を照らし出す「光」。それが臨床実践で如何に作動するか、或いは、作動しないのか。その現実を私は見たかった。「光」が何処に在るかを知りたかった。その治療経過は「死の欲動」という本に詳細に報告した。

ここで取り上げるのは、その中で取り上げたヒカリという症例である。ヒカリという仮名は勿論、土居の論文にある「照らしだす光」から取ったものである。強い自殺願望をもつ若い女性であった。治療の中で「空（クウ）が見えれば私は生きられる」と語った人である。ヒカリは結局、生きる道を選んだ。「空」を見たのであろうか。

この本が出版されると土居先生は直ちに書評を書いて下さった。それが私には衝撃的だった。それを引用する。

「最後に、第Ⅰ部で報告された二人の患者を死に逐いやるほどに強かつた罪悪感に関し、一言感想を述べたい。第一の患者では著者は彼女の死の願望に圧倒され、ほとんど為す術もないほどだが、第二の患者は幸い自殺未遂に終わり、彼女はその後生きる意欲に目覚める。記録を読めば彼女が病的罪悪感とは別に治療者にいつしか一種の負い目を感じたことが明らかであつて、これこそ真正の罪悪感である。このような地平を切り開き得たことに著者の臨床家としての真骨頂を見ることができるのである」(6)

先ず注意して欲しい点は、ここで土居先生は明確に病的罪悪感と真性の罪悪感を分けて論じていることである。真性の罪悪感という言葉は彼の価値観を明確に語っている。「真なるもの」。そここそ彼の「隠れた信仰」があった。そして、この秘められたものが、彼の文章の行間から語りかけ、人の無意識に働きかける。そのようして彼の語りは人の心を打つ。

但し、私自身は私に真性の罪悪感が在ったなどとは思っていなかった。私の言葉に土居先生のような「何か」、高い精神性が含まれるなどとは思っていなかった。しかし、土居先生は私の治療を

「真骨頂」とまで言って評価してくれた。私の何処に評価されるべき点があったのだろうか。この本を書いたとき、私は私が何をしたかさえ知らなかった。何故、この患者が生きることを決意したかは、本当は分からなかった。しかし、土居先生の指摘はいつものように鋭く深かった。

私は再度、ヒカリとの出会いを振り返らざるを得なかった。思えば、私は土居先生との関係で自分の中にも素朴な「隠れた祈り」があるらしいことを既に感知していた。そこに「神の殺害への心理的参加」としての罪意識があった。無意識的なものが私の内で作動していると感じるようになった。土居先生と私の間で響き会うものを知った。その同じものをヒカリが私との間で鋭く感知した。その何ものかへの強い希求を、それが彼女の内にもあることを、ヒカリは知ったのだろう。それが「生きる」ことへの強い希求ではなかったか。それ故に真性の罪悪感が作動した。それが土居先生の指摘の意味ではなかったか。しかし、私のような人間の何処に「生きる」意志などがあるというのか。

「先生、良く今まで生きていられたね。先生が生きられるならば私だって生きられる」

いつもは礼儀正しく知的なヒカリが、ここだけは馴れ馴れしいタメグチで語った。患者は既に私の中に「隠れた祈り」があることを感知していたのだ。

患者が「人は何故、生きねばならないか」と問う。その時、治療者の心の奥深く秘めた価値的態度が否応なく引き出されてしまう。治療者の無意識的なものが露呈される。患者の「死にたい」という言葉は治療者には恐ろしい。それは治療者の鎧をはぎ取り、隠れた魂の世界を露呈させるからであった。

この言葉によって、私の中に露わになったもの。私はそれを言葉にしてヒカリに語ることはなかった。しかし、私の中には何か「生きよ」という声があった。それは私自身の人生の中で、特に絶望の極において、重ねて聞く言葉であった。神秘であった。私がこの患者と出会ったときに、私の中に覚醒されたものはそれだった。その声の由来は分からない。しかし、それは患者の死の欲動よりも強かった。患者にとっては、それは私の中の「隠れた祈り」に見えたであろう。

私はヒカリの言葉と土居先生の助けを借りて、改めて自分の行った臨床行為を理解できた。私の場合も土居先生と同じく、患者が語ったことが正しかった。そして再び、この症例でも土居先生の御指導に深く感謝の念を述べねばならなかった。

或る患者と土居先生との間で「隠れた祈り」のテーマが話し合われた。私はそれを引き継いだ。

その体験がヒカリの治療を決定的に動かしたのだろう。総ては、私にとっては計算以前の、正に無意識的なプロセスであった。ヒカリの治療は知的分析によって引き起こされた計算づくのプロセスではなかった。開明によって後から描くべきものだった。私は先生に指摘されるまで、ヒカリが私に語った言葉の意味すら知らなかった。

3. 言葉の配達人

今の私は何の戸惑いもなく、自然に患者に訊ねるようになった。

「『死にたい』と思うのではありませんか」

只、そのように訊ねるようになるまでに、これまで語ったような、長い遍歴が必要であった。

この論文で描きたかったことがある。

治療者としては平凡な一言である。この一言を発するために、私は無数の人たちとの出会い、長い時間の流れを必要とした。ヒカリの語る「死にたい」という言葉に対する私の対応には、多くの他者との出会いが隠されていた。私と出会った多くの自殺念慮の患者たち。そして何よりも、土居先生とその患者との出会い。そしてフロイトとその後継者達。その全ての言葉が私の中に取り込まれた。私は私と土居先生の出会いで、「隠れた」という言葉、そのものを頂いた。全ては私の発する言葉の影に「隠れて」在った。

多くの出会いから多くの言葉を頂いた。それらは私の中に「死にたい」という言葉の無限の深み、多様な意味として収められた。時と場を超えた無数のものが、カオスとして、「響き」として、「自ずから然るべくもの」として、そこに集積した。その全体が「隠れた祈り」の実体であった。

私は多くの他者から頂いた言葉を、そのまま素直に私の患者に伝えただけだった。しかも、この伝承は無意識のうちに、いわば本能的になされていた。こうして「隠されたもの」が隠れたが故に強い力で他者に訴えることを私は知った。隠れたところには多くの他者、他者の言葉が収められていた。それが力の根元であった。言葉の影の部分にこそ、多数の強い祈りがあった。

「信ずること」、信頼のテーマを土居先生から学んだ。この言葉の裏に「隠れたもの」として、ニーチェの「神の殺害」、フロイトの「原父殺害への罪悪感」、土居の「神の殺害への心理的参加」を手に入れた。神の名の禁止を知った。そこに殺害、その結果としての「欠如」を見た。それは否定の形による「絶対」の認識であった。村上陽一郎が語る「自ずから然り」としての自然が見えてきた。存在の「響き」が聞こえてきた。空海という名が膨大な「空」と「海」からなることを知った。それは私の中で「不在」、「残余」などの言葉として熟した。ヒカリとの出会いで全ては一つになった。生きた言葉はそれ自身が生きた関係の中で学習し成長する。私はその貴重な現場に立ち会った。

私は語られた言葉の媒体であり、目撃者・証人であり、運搬人であった。

土居先生は精神療法を称して、「言葉を持ってする治療」であるといった。しかし、それが作動するには、多くの出会いの中から言葉を頂き、他の人にそれを伝えなくてはならない。人から人へと、言葉を伝え語る者が必要となる。それが心の治療者であった。

配達される言葉には秘められた影がある、影には無限の歴史があり、そこに「何か」が棲み着く。それが言葉の質を決定する。精神療法家は多くの他者との出会いから言葉を受け取り、今、出会う人に伝える。精神療法家は分析者である以前に、言葉の配達人であった。人から言葉を預かり他の人に正確に伝えるだけである。そこに個人的な独創性などは要らない。小賢しい手柄などは要らない。

言葉は自ずと、自らの力で成長する。自ずから然るべき展開がある。配達者は自然の展開を語り継ぐだけである。そこには多くの語り手の人生という大自然がある。その膨大な蓄積がある。その全体が自ずと「響き」となり、「祈り」となる。それは言葉の影である。それ故に、祈りも又、言葉と同時に配達されねばならないのは当然であった。この意味において、精神療法家は言葉の配達人であった。

五．おわりに

私はこの論文で図らずも現代折衷派の設立宣言をしてしまった。否、既に何年も前に宣言していたこと、その重要性に改めて気付かされた。土居先生と私の二人からなる現代折衷派。それが武器とする知的財産。それが商品化され資格化されることを望まない。それは誰でもが自由に参加できるオープン・リソーシズの自由契約的ツールである。大企業が作った高価なウインドウズであるより、リーナスさんの作ったリナックスである。主体的な個人参加のフリーウェアである。私が土居先生から頂いたものは、そのように自由で血の通ったものであった。秘めやかで、しかも、開かれた出会い。そのような知的党派性なら賛成であり、自分は既にその一員だという読者は多いと推測する。如何だろうか。

最後に、私は今まで論文で土居先生に言及するときには、必ず先生に原稿を見ていただくことにしていた。しかし、この論文では、出版前に土居先生に目を通していただく労をお願いしない予定である。私としては稀有なことである。それは多忙な先生の体力を気遣ってのことである。きっと、この小論が活字になったとき先生はもう一つの新しい御指摘を下さると思う。それが私だけではなく、読者にも読まれる日が来ることを今は楽しみに待ちたいと思う。そして、この小論が若い方たちに新しい土居研究、臨床研究への契機となることを願って筆を置くことにする。

引用文献

（1）土居健郎：精神療法と精神分析．金子書房、東京（1961）

（2）土居健郎：フロイトの遺産．世紀、5月号：40—47（1967）

（3）加害者意識と被害者意識．批評、夏季号：2—13（1969）in「甘え」雑稿、弘文堂（1975）

（4）土居健郎：精神療法と信仰．心と社会、4月号8—13（1971）．In 土居健郎、信仰と「甘え」．春秋社、東京（1990）

（5）土居健郎、熊倉伸宏、関根義夫：座談会　日本の精神病理学・回顧と展望（5）、土居　健郎先生をお訪ねして．臨床精神病理、22巻3号、257—272（2001）

（6）土居健郎：書評　「死の欲動—臨床人間学ノート」日本医事新報No.3990（2000年10月14日）

（7）熊倉伸宏、伊東正裕：「甘え」理論の研究．星和書店、東京（1984）

（8）熊倉伸宏：精神科治療におけるpaternalismと自己決定に関する文献的な考察．精神経誌　89：593—614（1987）

（9）熊倉伸宏：精神療法における価値の位置：土居健郎の「甘え」理論をめぐって．思想、801：100—115（1991）

（10）熊倉伸宏「甘え」理論と精神療法．岩崎学術出版、東京（1993）

JCOPY 88002-172

（11）熊倉伸宏：臨床人間学―インフォームド・コンセントと精神障害．新興医学出版、東京、1994
（12）熊倉伸宏：死の欲動―臨床人間学ノート．新興医学出版（2000）

第三章　「自分」について

……土居健郎における「甘え」と「ふれあい」……

一．日常語研究と自我論

1．日常語研究

土居健郎は「自分」という日常語に注目し、独自の自我論を展開した。その過程で彼は、「甘え」の欲求という新しい分析概念を提示した(2)。こうして日常語研究、あるいは日本語研究は、人間心理の新しい地平を切り開いた。ただし彼以降、この研究方法は、必ずしも順調に発展してきたとは言いがたかった。その理由は多分、日常語研究が、それ自体の固有の方法論を発展させなかったからであろう。そこに新たな方法と理論が示されなければ、日常語研究は空虚で厚顔な「ことば」の氾濫を生み出すだけである。土居の日常語研究が、そのような危険を回避し、私たちに強い衝撃を与えたのは、彼の研究が彼自身、はっきりとは語っていないような何らかの方法で、私たちを秘められた真実へと導く力を持っていたからに違いない。

その力は何処から来たのか。彼が「日常語は現象に、もっとも近い言葉だと感じた」と話していたことを、私は思い出す。彼自身は、「人間のどのような悲惨さからも決して目をそらさない」という決意を、著作の中で何度か語っていた。たしかに彼の研究は、どの時点でも体験世界を率直に観察し記述しつづけるものであった。人間という現象を「観ること」、それが彼がフロイトから学びとった最も大切な方法であった(7)。そして、これが彼の日常語研究の特徴であった。つまり彼の日常語研究は、彼がいかに人間存在の深みに踏み込んだか、その無力を凝視したかという彼の心象風景の記録であった。そのような新しい形の自然観察、つまり自然としての人間の観察を記録するためには、日常語が適していたのであろう。

2. 自我論

土居の自我論は、「自分」という言葉が用いられる日常的状況を、素朴に観察し記述することから始まった。ここで土居とフロイトの関連に触れることにする。周知のように、フロイトは「無意識のあるところに自我を在らしめよ」と語った。それは一面では自我による自然支配の宣言であったが、しかし彼は決して、自然を支配する理性的自我の強力さを主張したのではなかった。むしろ彼は、自然の圧倒的な力にさらされた自我の無力を語っていた。しかし、その後の精神分析は必ずしも、フロイトのこの感性を受けついでは来なかった。むしろ「自我の自立」に過剰な期待を寄せ、心理学は操作主義へと変質した。そこに自我信仰と理性第一主義という時代精神の支配を読みとることができる。このような指摘をした後に土居は、ふたたび人間存在の無力へと注意を促した。そのタクティックスが、「甘え」という日常語の使用であった。彼は他者と結合する力、つまり「甘え」の欲求から発想することによって逆説的に、他者を喪失した現代的自我の孤独と無力を語たることが出来たのであった。今、米国においてもベラーら(1)によって「自立した自我」とは、実は「孤立した自我」に他ならないことが明らかにされた。

土居は、他者依存を否定的に捉える西欧的自我と、肯定的に捉える日本的自我という対比から彼の比較文化論を語った。自立した自我は孤独であり、依存的自我は自立しえない。土居は依存と独立のパラドックスを、そのように図式化した。これは単に西欧と日本の比較文化的考察に終わらない。それは、むしろ現代的自我が秘めるパラドックスへの洞察であった。つまり現代人の自我を、他者喪失と他者依存というパラドックスの中で彼は捉え直したのである。確かに現代の自我論は、一方では「自我の確立」を前提としながらも、他方では「相互依存」をも前提とする。これが自我論の基礎となる自立と依存のテーマであって、「自分」についての日常語研究が意味あるとすれば、それは、このような現代的自我の矛盾に関わるものでなくてはならない。これで導入を終わり、本論に入ることにする。

二. 「自分」の精神現象学

1. 「自分」という体験

まず私はセラピストとしての「自分」の体験を、一つの心象風景として記述し、それに若干の心理学的考察を加える。実は、私は最近「これが自分だ」という言葉が、ほとんど無意識に口をついて出る体験をした。個人的なエピソードで恐縮であるが、それを報告し、ここでの考察の素材とさせていただく。

昨年、私は永年考えていた治療論を「臨床人間学」という本に書いた。その本が出来上がった時、そのことを、まず土居先生に電話で報告した。その時のことである。会話の中で私は自然に、「この本が自分です」と言ってしまった。正直の所、そのように言ってしまって私は自分で驚いた。そして「自分とは一体、何?」という問いが反射的に私の中に起きた。このような記憶があるので、「自分」というテーマが与えられた時、私は反射的に、この不可思議な記憶を思い出した。そこで私は、自分と土居先生との関係の中で、この言葉が語られたコンテクストをたどり、考察を加えることにした。なお実際の私と土居「先生」の関係を語るところだけは、「先生」という敬称を付けさせていただく。その方が私の感情としては自然だからである。

2. 精神分析的スーパービジョンのパラドックス

ご存じの方もいると思うが、一九八四年、私は「甘え理論の研究」(6)という土居研究の本を書いた。自分のスーパーバイザーについて、本を書くということは大変、矛盾に充ちた複雑な体験であった。その時の「あとがき」に書いたように、私はその本を「私が土居から分化する過程の記録である」と位置づけた。「甘え」を自覚し、「これ以上は甘えられない」という限界点を見きわめ、「独立した自己」を持つことが必要だ、と土居は随所で説いていたからであった。「自分」の意識を持つとは、「独立した自己の表象」を持つことである、と土居は書いていた(2、3)。しかし強い権威関係のパラドックスの中にいた私にとっては、土居先生との関係の中で「独立した自己」を見つけ出すことは不可能に思えた。彼の理論に忠実に従うかぎり、土居と「甘え」理論から私は離れる他になかった。精神分析的教育を受けたことのある人には理解されると思うが、「分析する者」と「分析される者」は一方向的な権威関係の中にいる。その、ただ中にあり、そこで「独立した自己」を持つことが要求されるのである。これは難解なパラドックスであった。依存と独立、「甘え」と「自分」という土居理論の中核的な部分を、たぶん土居自身が体験したであろうパラドックスを、すでに私は追体験していた。

教育を受ける私としては、土居先生から学ぶと言うことは、「土居によれば」と思考することに他ならない。ここで私は便宜上、この思考のシンタックスを「引用文献的思考」と名づける。この思考からは、「私の考えでは」という思考を導き出すことは形式論理上、不可能であった。そして「私の考えでは」というシンタックスで語れることを、私は求めていたのであった。そこで私は土居先生から離れる他に、私自身の固有の考えを発見する方法はない、と考えたのであった。

3. 対等な出会い

その後、何年かたって私なりに、いくつかの仕事をまとめてから、改めて土居先生のスーパービジョンをお願いすることになった。これ以上、先に進むには土居先生の助けが必要である、と感じたからであった。先生との関係で体験した何かが、いまだに私の思考を阻んでいる。それは独立と依存をめぐるスーパービジョンのパラドックスに由来する何かである。そして、ふたたび私は、あの依存と独立の息苦しいパラドックスの中に自分を置くことになった。ただし今回は私は、より冷静に自己観察することが出来た。

当時、土居は「西欧に発した精神療法は、信頼と自由な人格の二つの価値」の上に成立すると書いていた。この言葉は私に、土居に特徴的な、ある態度を連想させた。それは彼が後輩でもクライエントでも、基本的に「対等な他者」として出会うという印象を、私は強く持っていたからである。彼の人となりを間近で知る人は共通して、この印象をもつ。彼の「信頼」と「自由な人格」という言葉は、この対等な関係を指している、と私は理解した。

この態度は一般には「公平さ」として共感を呼ぶものであった。しかし教育を受けている私には、皮肉なことに、それは不当な厳しさとして体験された。そして、それこそが私の課題であった。そこで、ある日、先生のスーパービジョンで私はそのことを伝えようと試みた。「先生は自分が成し遂げたことは、私にも出来ると考えているのではないか。しかし専門家として先生と対等になるのは私には苦痛だ。甘え理論は強力だから、私が何を書いても甘え理論に呑み込まれてしまう」と、私は話してみた。今、このエピソードは先生の記憶にはないかも知れない。私の記憶では、その時、先生は黙ったままであった。結果としては皮肉にも、「すねた」自分だけが残されることになった。

それ程に、先生の対人関係は対等であった。土居との関係では対等な「自分」を持つ外にないのだ、と私が痛感した瞬間であった。そのように覚悟しなければ土居先生との関係は続かないし、その関係が続かなければ私は一歩、先に進むことが出来ない。しかし既に一つの世界を築き上げた権威と、対等に出会う覚悟をすることは、当時の私には、より深い孤独と挫折を覚悟せよということに他ならなかった。こうして必然的に私は次のように考えた。フロイトや土居も結局は「臨床における人間」に関心をもった一個の「人間」であった。この点で私と何ら異なることはないはずであった。こうして私は自分の関心が「臨床における他者理解」にあると考えるようになった。したがって当面、自分のテーマを「臨床人間学」と名づけた。きわめて理論的で、かつ臨床的なものを私は書く。なぜなら私と対等な一個の他者にすぎないフロイトや土居も、それを成し遂げることができたから……。このような「かたくなさ」を、私は土居から、そして多分、フロイトから学んだように思う。そのような「人間・土居」像が当時の私の中に出来上がってきた。それは同一視と摂取によって形成されつつある専門家としての「自分」のイメージでもあった。

しかし土居と対等な「他者」として出会うということは、依然として不可能に思えた。このようにして「臨床人間学」を書きはじめ、そして予想どおり私は大きな壁に突き当たった。私はこのテーマについて、フロイトや土居に遠く及ばない、無力で絶望的な「自分」を再発見したのである。それは予測どおりの、しかし皮肉で苦痛に充ちた体験であった。私は土居と対等に出会えなくてはならない。土居はフロイトに対して、そのような態度をつらぬいた。「甘え」理論を支える「人間・土居」と徹底して対等に出会うことによってのみ、「自分」が見えるにちがいない。私はそう思った。

土居と対等に出会うことは、私の思考にどのような影響を与えるのか。すでに述べたように私は「土居によれば」というシンタックスで考えることを、それが依存的思考であるという理由で避けていた。そこで私は、どのような形で土居の思考が、私に影響を与えるのかを観察することにした。そして私は自分の思考のシンタックスに、微妙で、しかも重大な変化が生じていたことを知った。つまり、「もし私が土居先生ならば」あるいは「もし私がフロイトならば」というシンタックスで考えている「自分」を発見したのである。私は、もはや引用文献的思考のシンタックスでは考えてはいなかったのである。引用文献的思考のシンタックスの特徴は、著名な権威の名で語ることであり、そこに「私」という主語が欠落していることであった。しかし新しい私の思考は、これとは明らかに異なっていた。つまり主語は、「私」であり同時に「権威としての他者」、つまり土居であった。つまり私の思考の中で、「私」と「他者」の二つの主語が自由に、相互に置き換わるのである。今から思えば、このシンタックスによる思考が、私が土居先生と対等な出会いを模索するなかで生まれたものであった。

4. 信頼関係

私は考えた。「自分」をもつことは、「自分」の根拠を他者に求めること、引用文献的思考を禁止することであった。これを思考の世界でみれば、「土居によれば」という思考を禁止することであった。しかし、この禁止によって私は、他者の思考と関わる方法を失ったのである。しかし現実の思考は、私の危惧を超えて、既に新しいパターンに入っていた。それは「私が土居ならば」という主語の置き換えの思考パターンであった。この思考は、「対等な他者」との出会いの予兆の中で発生した。絶対的な権威像が失われ、依存対象が放棄された時に、このような主語の置き換えの思考が芽生えたのであった。このシンタックスは、私が権威の中に「対等な他者」を発見する過程で生まれたのであった。「甘え」の欲求の中の何かが禁止され純化されて、このような新しい関係性、新しい思考を生み出した、と私は考えた。

このような変化の中で、私は再び、土居という他者の著作をまとめる作業を始めることにした。そこに専門家としての「自分」が見えることを期待したのである。そして「甘え理論と精神療法」(7)という二冊目の土居研究書を書くことができた。その本では、私は土居先生と「対等」に出会う頑なさを貫いた。果たして土居先生にその本の序をお願いしたところ、先生は「とうとう私は著者につかまえられた気がする」と評され、「著者は私からスーパービジョンをうけたと言うが、むしろ私の方こそ著者によって治療され、元気づけられた感じがする」と謝意を表された。私はこの言葉を「対等な他者」の「信頼」の言葉として率直に受けとった。対等な関係とは何かを、幾分か体験できたような気がして、私は只うれしかった。

ただし、この過分な賛辞のなかにも重要な一言を書き添えることを、土居先生は忘れなかった。そこが実に先生らしかった。つまり「著者も、もうそろそろ土居研究を卒業してもよいのではないか」と書き、さらに「彼はまた将来私の予想を超えた本を書くにちがいない」と予告すらしたのである。いかに独創的でも、土居研究は「人間・土居」の限界を超えることはできない。フロイトへの回帰も「人間・フロイト」を超えることはない。フロイトや土居と対等であるには、「自分」の「臨床人間学」を書き上げねばならない。土居先生は私を気遣い控えめではあっても、断固として、そのように指摘したのであった。このころ、先生のスーパービジョンは「もう良いんじゃないの」

JCOPY 88002-172

という先生の、ほほ笑みによって、自然な形で終了となり、日常的な師弟関係だけが残された。それ以降も、先生の指摘は依然として鋭いものであったが、いつも、それを素直に受けとめる「自分」がいた。

誰にも依存することが出来ない領域がある。そこに踏み込んでしまった。そこで私に出来ることは、私に語りかける内なる声を聞くことだけである。私は、その未知なもの、「それ（エス）」に従って書くだけであった。こうして私が「臨床人間学」(8)を書きあげ、土居先生にその報告した時、反射的に「この本が自分です」という言葉が私の口から出たのだった。これが「自分」の意味であった。

三．「自分」の精神療法論

1．相互性

以上に個人的なエピソードを長々と書いたが、その理由は、これを素材として、自我論を再考するためである。このエピソードを要約すれば、初めは私は「土居によれば」という引用文献的な思考の中にいた。このシンタックスに「私」は登場しないから、私の専門家としての思考には「自分がなかった」ことになる。そして万能で幻想的な権威像である、私の内なる土居との訣別を、私が決意した時に、この思考パターンは変化した。そして私の思考は新たな展開を見せた。「自分が土居ならば」という主語の置き換えの思考パターンが生じてきたからであった。自己と他者が分離した表象として認知され、しかも両者が対等で置き換え可能と想定された時に、この思考パターンが可能となった。自他の分裂と統一を同時に含んだ、この置き換えの思考パターンを私は「相互性」と呼んだ。この意味では相互性は、主語を選択・操作する自我の機能であった。それは主語の定まらない自我機能であるから、匿名的自我(8)に属するものと考え、それを自我論の中心においた。この点は別に述べたので省略する(7)。

このような自己観察から、「相互性」は重要な鍵概念となった。なお相互性という言葉は、私の体験から名づけたのであるが、当然、英語の(レシプロシティ：reciprocity)を念頭においている。それは「互酬性」と訳され、西欧でみられる伝統的な思考パターンであった(5)。古くは「目には目を」であらわされるような正義が、あるいは「あなたが他人からして欲しいと思うことを、そのまま他人に行なえ」という聖書の一節が、またカントの格言が、このような相互性の観念の上に形成されたと指摘されている。そして「信頼」も同じ相互性の上に成立する。

2・「信頼」の心理学的起源

医倫理学では、自己と他者の「信頼」の上に、治療上の意思決定がなされるという。ここでは信頼という言葉は、現代の患者・医師関係を支える重要な鍵概念である。それは不可避で重要な言葉であるが、安易な分析を受けつけない(8)。土居の心理学においても、「信頼」という言葉は重要であった。しかし彼は「甘え」という言葉を分析したようには、この言葉を分析しないし説明もしない。むしろ、それを自明なものとして使う。彼の理論において、「自立した自我」が「孤立した自我」にならないで済んだのは、自分と他者を結びつけるものとして「信頼」という言葉が用いられていたからであった。しかし信頼という言葉は私には、さほど自明なものではなかった。なぜなら信頼という言葉が語られる状況こそ、しばしば隠された不信が存在することを私は感じとるからである。したがって「信頼」という言葉それ自体を分析する必要があった。そこで私は「信頼」の観念の心理学的起源を考えることにした。これは土居が立てることがなかった設問であって、彼が残した問いであり、かつ私固有の問いであり、ここから私固有の思考が始まる。

ここで一度、フロイトに還ることにする。フロイトは「信仰」について実に頻繁に論じている。土居もフロイトも要するに、「信じる」ことの心理学を探っていたとすら私は思う。フロイトがエディプス・コンプレックスの禁止から「信仰」の起源を説明した時に、そこで彼は発達論的視点から、次のように述べていた。つまり、「個人の精神生活において、その最深の層に属していたものは、理想形成によって、われわれの価値概念からみて人間精神の最高のものとなる」と(4)。フロイトならば、「信頼」は「人間最高のもの」であるから、それは発生学的に最深の層に属していたものへの「禁止と反動形成」によって形成された、と理解するであろう。人間の深層にあり、禁止されて信頼の観念となるものは何か。ここに新しい問いが生じたのである。

3. 「甘え」の禁止

ここで改めて土居の理論構成を紹介する。きわめて大胆に要約すれば、土居の理論には三つの命題がある(7)。第一は「人間は甘えの欲求にしたがって生きる」というものであり、第二に「甘えの欲求は実現しえないので、人は甘えを超越しようとする」であり、第三には「真の信頼は甘えを超越する」であった。ここで土居は「甘え」という言葉を「信頼」で置き換えている。フロイトならば、この置き換えのメカニズムから、「信頼」は「禁止され純化された甘え」なのだ、と指摘するにちがいない。

この点を、さらに詳細にみるならば、土居が用いる「甘え」には二つの異なった意味が含まれていることに気づくであろう。一つは自明な意味であり、もう一つは彼独自の創造的意味である。そして今まで依存欲求を論じてきた者は、土居自身でさえも、この二つの面を区別していたが、明確に名付けて考察していなかったのである。まず第一の意味は自明で常識的なものである。それは一方向的な力の勾配がある権威関係、上下関係、依存関係であって、典型的には母子にみられる依存関係である。幼児の「甘え」と人が言うときには日常的には、この一方的な依存関係を頭に浮かべるのが普通であり、他者は「与える者」であり、私は「与えられる者」であり、基本的に受動的な存在であった。それが口唇期欲求のイメージであった。少なくとも土居が「甘え」に、もう一つの意味を発見するまでは、そのように用いられていた。「独立した自己」の表象を持ち、「自分」の意識を形成するには、この一方的依存は一度、禁止され、対象は放棄される必要があった。

上下関係としての常識的な「甘え」のイメージに欠けているものは何であったか。フロイトは対象喪失によって対象欲求が内向し、ナルチシズムが形成され、自尊心が芽生え「自我」が形成されると言う。しかし、このメカニズムは、いかにして成熟した自我が信頼によって他者と結びつくのかという最も大切な点を説明しない。皮肉にも、この論理からは対象を喪失し茫然としたナルチスティックな自我像しか形成できないのである。確かに幼児的「甘え」を禁止しなければ信頼関係は生じない。しかし依存欲求が禁止され自我に向けられるだけでは信頼関係は形成されないのである。実際に、フロイトのナルチシズム理論では、他者から切り放された「孤独な自我」のイメージしか得ることが出来ない。それは孤高を守る孤独な自我であって、相互信頼で表される成熟した関係を説明できなかった。他者喪失と相互信頼をめぐる、他者のパラドックスを説明できなかった。

4．「甘え」と相互性

土居はフロイトの第一次ナルチシズムを批判し(2、3)、まずは自他が混然となった状態があると考えた。私はそこにカオスから天地創造に至る神話的過程の現代的再現を読みとる。こうして土居の理論では自己と他者は本来、一体であり、彼が提起した対象欲求とは一体化の欲求であった。その欲求の発現が、「甘え」という日常語によって多彩に語られたのである。土居は「甘え」の多様性の中でも、特に相互依存の関係を重視した。つまり子が親に甘える時には同時に、親が子に甘えてもいると指摘した。その時、彼が語った母子関係は、すでに対等な相互依存であった。それまで私たちが「甘え」という日常語で表現していた現象は、むしろ子が親に示す一方的依存の感情であったのに対して、彼は母子関係にすら相互性が潜むことを、母子すら対等な存在であることを、いきいきと指摘したのであった。このように彼が指摘した時、彼は「甘え」に第二の意味、相互依存という意味を付与したのであった。絶対的な保護者である母と、一方的な依存者である乳児の間に、相互的な関係を明確に指摘すると言うことは、それ自体、パラドックスを構築する行為であった。しかも一度、指摘されれば誰でもが納得するような意外性(8)をもった指摘であった。彼の、この独創性は、あまりに自然になされたので、そこに彼の発見があることすら見落とされ、彼以降、その発見の構造は取りあげられることはなかった。

このようにして概念上は、「甘え」は上下関係と相互関係の二つの相を含んでいることになる。依存欲求は、この二つの形態として発現されることになる。その場合、「自分」の意識が形成される過程は、次のように説明されるであろう。つまり絶対的権威が失われ依存欲求が自我像に向けられた時、自我は残された相互依存の経路によって対象との関係を保持するのである。それが土居が「甘え」という言葉で語った相互依存の関係であった。自己と他者の分離した像が確立された時、残された相互依存に「信頼」という言葉が与えられる。つまり自我が他者喪失の痛みを体験した時に、信頼という言葉それ自体が、その痛みへの防衛として用いられたことになる。他者は実は「私」と置き換わることが出来ない不気味さを秘めつづけるにもかかわらず、「信頼」という言葉を用いれば、母子関係における相互的他者の記憶を想起し、対象喪失の恐れを一時でも忘れることが出来るからである。

5. 相互性の起源

このように考えると相互信頼という言葉それ自体が、対象喪失への防衛的機能を果たしていることになる。フロイトの考えに従えば、相互信頼の原型となり、他者喪失の危機において、自我が防衛機制として利用する原初的な相互性の機制が存在したことになる。それを土居は「甘え」という日常語で語ったことになる。それは個体発生の初期から存在するものである。私は、そこに「皮膚感覚」のアナロジィを見い出す。私はそこに土居の「甘え」の原型をみる。「ふれあい」という言葉で表現されるような皮膚感覚的な表現は、相互的関係を巧みに表現する。皮膚感覚においてのみ「触れる主体」が即、「触れられる対象」である。そこでは主体は、自己であり他者であり、むしろ自己と他者が自由に置き換わる。皮膚感覚は本質的に相互性をもつからである。皮膚感覚の相互性から、「信頼」の観念が発生するというメカニズムを想定する。皮膚感覚が純化されて、「相互性」という観念に結実したのである。そこに「もし私が土居ならば」というシンタックスの原型があった。

以上を要約すれば、「自分」の確立と共に、万能の他者は失われ、自我は絶対的孤独へと落ち込む。それは他者喪失と呼ぶべき強烈な孤独であった。この孤独感への防衛のために、皮膚感覚を原型として「相互性」の観念が形成され、そこに対等な他者像が形成されたのである。そこに対象欲求が幻想的に充たされたのである。成熟した自我は相互性の観念を身に付けた時、絶対的孤独の中にいる自己を慰めて次のように言うことが出来る。「そんなに心配することはない、相互的な他者がそこに存在するではないか」と。それは、かつて生まれたばかりの弱小な自我が、「ふれあい」によって、母という絶対的他者を確認した時、母が「心配することはない。ママはここに居ますよ」と言った記憶への回帰であった。こうして他者喪失と相互信頼のパラドックスの中で、健全な「自分」の意識が形成された。かつては、多分、土居にとっても、「信頼」という言葉がそのような呪術的な力を持っていたのであろう。そして現代という時代、この言葉から呪術的力が失われた。同じように、今まで有力であった言葉、たとえば「自由」、「平等」、「自立」なども、その呪術性を失った。そして、これらの背景に、「他者喪失」という時代的不安があるとすれば、そこに新たな言葉、自己と他者の関係を強調する新たな言葉（たとえば間主観性など）を是非とも必要とする現代の時代精神をみる。私は現代の理性の中に、「ことば」によって存在を動かそうとする古典的呪術が復活する姿をみる。原始的シャーマニズムにおける「言葉による呪術」をみる。そこに現代精神の底知れぬ不気味さをみる。

四．おわりに

いくつかのアナロジィによって、私は時代を誘導する価値的言語、倫理的言語の世界へと踏み込んだ。「自分」がいる所に自我論が構築されるべきだからである。現代思想の「ことば」を古典的呪術のアナロジィで捉え、相互性を皮膚感覚のアナロジィでとらえる。大胆な試みで面食らうかも知れないが、これが今の私の自然な考えである。

読者に私の考えを理解していただけるものか不安である。私の考えは、いまだに五里霧中にあることを知っているからである。しかし私は、そのような状況から呪術的言語で抜け出しうるとは思わない。ただ読者が一人の「他者」として、私に自由なご意見を下さるとしたら、それだけで満足である。そのような他者の出現を期待して稿を終えることにする。

文献

（1）ロバート・N・ベラー他著（島薗 進ら訳）：心の習慣　みすず書房（1991）
（2）土居健郎：「自分」と「甘え」の精神病理．精神神経学雑誌、62：149―162（1960）
（3）土居健郎：ナルチシズムの理論と自己の表象　精神分析研究、7―2：1―5（1960）
（4）フロイト、S（井村恒郎訳）：自我論．フロイト選集4、日本教文社（1954）
（5）加藤尚武：倫理学の基礎　日本放送出版協会
（6）熊倉伸宏 伊東正裕「甘え」理論の研究 精神分析的精神病理学の方法論の問題、星和書店（1984）
（7）熊倉伸宏「甘え」理論と精神療法．岩崎学術出版、東京（1993）
（8）熊倉伸宏：臨床人間学：インフォームド・コンセントと精神障害．新興医学出版、東京（1994）

第四章　「罪意識」について

…ニーチェ、フロイト、土居健郎における「神の殺害」…

一．はじめに

私が心理学に関心を持ったのは十代のころであった。私もまた何時間も空を見て飽きない少年であった。そして自分の心の中にも外界に負けない大きな自然があると感じていた。空も海も山も人も心も皆包み込んだものが大自然であった。世界に夜があり闇があるように心の中にも大きな闇があると知った。苦しみと痛みがあることを知った。苦痛は何時も棘（トゲ）のように心の何処か奥に突き刺さっていた。しかし、それが多分、罪意識と関係したものであることに気付くのは大人になってからであった。

その後、心の研究者として、臨床家として経験を重ねるに従い、心の奥にある棘はさらに深い謎となった。人にとって罪意識を持つことは、それ自体で十分に苦痛である。それにもかかわらず、人は誰もが心の中に罪意識を持つ。それを容易に取り去ることはできない。それは癌のように切除し捨て去ることのできる代物ではない。生き物の中で罪悪感を体験するのは人間だけである。この意味では罪意識は人間の条件に関わる何ものかである。しかし、如何なる条件なのか。罪悪感の心理的機能とは何か。

そもそも心理学の先輩たちは如何に罪悪感に取り組んだのか。臨床において罪意識の問題を本格的に取り上げたのは、先ずは、フロイトであった。フロイトの時代。一九世紀後半には、近代科学が勃興し科学の時代、理性の時代に入った。彼も時代精神に従って、自然科学によって罪意識を解析し得ると考えた。彼は罪意識を超自我という心的装置の機能であると考えた。フロイトの超自我仮説である。これを特徴付けるフロイトの二つの言葉がある。

「原父を殺害した罪意識故に神観念が生じた」
「宗教は人類の神経症である」

一見したところ、この言葉は近代科学が罪意識を凌駕した勝利宣言にみえた。しかし、事態はそれ程、容易ではなかった。その後、フロイトの超自我仮説ついては幾つか重要な修正があった。しかし、フロイトの理論の足場を問い、それにラディカルな批判と修正を加えた者は土居健郎先生であった。

ここではフロイトの精神分析理論から土居のいわゆる「甘え」理論へ展開する過程に焦点を合わせる。その中で甘えと罪の心理学が心の深奥、つまり、精神性、乃至は、スピリチュアリティの世界にまで深められる過程を紹介したい。そして、この小論は私が少年時代から持ち続けた心の中の棘について探索した一つの記録でもある。

なお、今まで私は論文で土居先生に言及するときには敬称は用いなかった。それは土居先生と他の著者を同等に扱うためであった。しかし、この論文では時に「先生」という敬称を用いさせていただく。今まで、身近で実に多くを教えて下さったことに対して、改めて土居先生に謝意を表したいからである。この点、読者の方は奇異に感じられるかも知れないが、私の気持ちを汲んでお許し願いたい。

二．考察の手順

土居健郎先生の著作を再分析して、甘えと罪の心理学の在り様を描き出すことが、ここでの課題である。これを具体的に述べれば、

第一に、土居文献に従ってフロイトの罪意識に関する記述を抜き出し要約して示す。ここでの課

題は、「土居はフロイトの超自我仮説を如何に理解したか」である。

第二には、「土居文献に介在する価値的言語群」を取り上げて示す。土居がフロイトの超自我論を語る時にも、実際には、土居固有の言語群が用いられている。それが極めて重要な意味を持つ。価値的言語群の中心に「甘えの超越」という言葉がある。

第三には、土居著作の価値的言語群を解析し、『甘えと罪の心理学』を可能にした構造」を示す。その中心にあるキーワードは「見えざる他者」である。

三．土居はフロイトの超自我仮説を如何に理解したか

先ずは、土居の精神分析的な理論体系(2、3)、及び、思索の全体を「甘え」理論(13、16)と呼ぶことにする。フロイトは幼児には先ず、第一次ナルシシズムという自己愛的状態があると考えた。しかし、土居はこの点でフロイトの理論を修正した。人には先ず対象を求める欲求、「甘え」の欲求がある。それが挫折することによって、自己愛、つまり第一次ナルシシズムが生じる。つまり、土居においては、先ずは「関係ありき」であった。

「甘え」理論の中でも罪意識に関する考察は中核的な位置にある。特にフロイトの超自我仮説に関する土居の発展的考察は圧巻である(8、16)。先ずは、私なりにこれを要約して示す（表1）。

表1．フロイトの超自我理論についての土居健郎の理解

罪意識	表現する日本語	「甘え」の心理	「自分」の意識
口唇期罪意識	「いけない」	「甘えを恐れる」心理	「自分がない」 「甘え」の欲求の存在自体を否認
肛門期罪意識	「すまない」	「恨み」の抑圧	
男根期罪意識	「いけない」	同一視：自分を諭す心理	「男らしさ」「女らしさ」
エディプス複合以降	「うしろめたい」	「甘え」のアンビバレンスへの耐性	「自分」の分化：「大人になる」 「オモテとウラ」、「内と外」、「本音と建て前」、「自分」の意識

1．口唇期の性格形成

出生直後、子にとって母は世界であり、世界との交流は口唇を介した食摂取によってなされる。このように語るとき、口唇期という言葉は幼児の発達上の事実を指すと共に、人と人の関係性についての膨大な精神分析的メタファーである。先ずは、土居は「甘え」の欲求を一体化の欲求と定義する。このように書けば分かりやすい。当然だと思う人が多い。しかし、フロイトや土居の語りはそれ程に甘くはないので、これを説明する。

母胎内に安住する胎児の満ち足りた一体感。それを充足、幸せのメタファーと見る。それは母親への「甘え」の原型であり、将来、そこから母との基本的な信頼感が形成される予定である。ここに「信頼」と言う価値的言語が用いられていることを読者は留意されたい。

出生後の過程は波瀾万丈である。

先ずは、出生によって子は母体から分離する。この時から、一体化から分離・独立の過程に入る。しかし、子が母胎から分離しても、子は胎内での充足した母子の一体感を求め続ける。幼児期の成長とは分離であるから、一体化という意味では挫折の連続である。要するに、「甘え」の欲求は挫折する運命にある。自然界の過酷さの中で個は挫折する。出生後、一体感は一時的に、幻想的にしか満たされない。この点では、「生」について、悲観的ともいえる思考がフロイトと土居にはある。「無力感」と「傷つきやすさ」についての、やや悲愴な語りは両者に共通する通奏低音である。ここで挫折と超越は土居の中核テーマである。

さて、「甘え」の欲求が挫折する過程で、「甘え」と「恨み」のアンビバレンスが形成される。泣きさえすれば授乳される乳児の万能感と、それが充たされなかったときの絶望感の両極が「甘え」のアンビバレンスの原型である。万能感と無力感の両極性、その亀裂に引き裂かれ、自己分裂・自己崩壊の恐怖が生じる。そして、このアンビバレンスを処理すべく自我機構が分化する。自我意識、つまり、「自分」の意識が発生する。そこから更に罪意識としての超自我が分化する。要するに、超自我は生の挫折を予知し、それに予め対処する目的で形成される。ここに既に心の奥にある棘の正体を垣間見るのである。

この時期の罪意識は未分化、且つ、強い恐怖感を伴う。

それを土居は「いけない」という言葉で表現した。これはクラインの口唇期超自我に対応する。口唇期では、まだ自我と超自我は未分化である。自分と対象もベタッと張り付いたままで、自他未分化、甘えと恨みも区別つかない。それでも幼い自我は不十分ながら自己防衛の反応を試みる。幼い自我は無力感の源泉である「甘え」の欲求の存在自体を否認し無力感を回避しようとする。「甘えなどはない」、「自我の中に何もない」という反応である。この時、「甘え」は「甘えと呼べないようなひどく傷ついた甘え」となる。恐怖感が異常に強く、恐怖は世界と自己の全てに普遍的に向けられる。この心的機制を土居は「甘えを恐れる」心理と表現した。ここに自我崩壊の恐れを伴う精神病的な恐怖感が生じる。激しいアンビバレンスを伴った「自分がない」という自我状態が生ずる。未分化で精神病的な自己愛的自我が形成される。

2. 肛門期の性格形成

肛門期とは口唇期に続く大小便のしつけの時期である。

この時期には既に「甘え」と「恨み」のアンビバレンスは一定程度、分化している。つまり、外部から見ても幼児が甘えているのか、すねているのか等が見分けられるようになる。肛門期に形成される性格特性は、フロイトが挙げた几帳面、しまりや、頑固という三つに加え、土居は潔癖、けちんぼ、依怙地などを加える。

肛門期の超自我形成は、「すまない」という言葉で表現される。排泄行為が完結しないときのスッキリしない感じの喩えである。もし、幼児の「甘え」の欲求が充たされないならば、隠れた攻撃衝動、「恨み」が内に蓄積する。予測される攻撃衝動の発現に対して、自我は防衛策をとる。つまり、「自ら与えるであろう害」を思い浮かべ、それを無かったことにする。未だ排出していないのに、大小便が「済んだ」かの如く振る舞う。一見、気分はスッキリする。しかし、実際には心の中に攻撃性は蓄積されたままなので、「すまない」という残尿感に似た感覚を生み出す。これが肛門期超自我の特性である。フェレンツィの「肛門期活約筋道徳」との関連が深い。

ここでも超自我の防衛的性格が重視されている。なお、「すまない」という罪意識は「水が澄む」か「濁るか」という対比から捉えることもできる。「清める」という神道的な行為から解説する者もいる。ここでは宗教問題が登場する。

3. 男根期の性格形成

男根期とは大小便のしつけに引き続いて学齢期に達するまでの期間を指す。性がテーマとなる。

フロイトのいうエディプス複合はこの時期に形成される。男の子にはエディプスの予言が組み込まれているとフロイトは考えた。ギリシャ神話の英雄エディプスは優れた智者でありスフィンクスを成敗する。しかし、彼の知恵と硬い意志を持っても運命を変えることは出来なかった。エディプスは予言に導かれ、父を倒し母を娶ってしまう。彼は罪意識から去勢するかの如く自らの目を抉る。運命的な罪、タブーを破ることによって新しい生へと向かう勇気を身につける。それがエディプス神話である。

男根期には、子供は両親の間に知ることのできない「秘密」があると感じ、「大人の世界に入り込もう」とする。正にエディプス神話の心理である。この危険な行為を予めタブーとして禁止し、それに対して防衛的な解決策を自我がとる。父を見習って「男らしさ」、女性では母を見習って「女らしさ」を取り入れるのである。両親の教化が内面化されて男根期の超自我が形成される。その結果、エディプス複合は解消され、生きる掟と勇気を学ぶ。精神分析でいう同一化である。この意味では、心の中の棘は親から取り入れたタブーであった。

男根期の超自我は口唇期の超自我に比べて恐怖感が少ない。

土居は男根期の罪意識をも「いけない」という言葉で表した。「両親が子をさとす」ように何が正しいかを自我に言い聞かせるわけである。注意すべき点は、土居は「いけない」という言葉で、口唇期と男根期の超自我を共に指したことである。同じ「いけない」という言葉でも、臨床的理解としては、全く異なった罪意識を含んでいるという指摘である。この区別は病理水準の深さと関係する。つまり、同じ「いけない」という言葉で表現した場合でも、強い恐怖感を伴う場合は口唇期的であり、精神病的心性を疑った方がよい、という意味である。臨床の生きた言語を詳細に観察すると興味深い臨床的現象が新たに発見される。それが土居の方法である。

4. エディプス複合以降の性格形成

口唇期以降、内面化によって、個体と外部の相互作用が自我の内部に取り込まれる。こうして心的構造は「オモテとウラ」「内と外」「本音と建て前」に分化して、個体は「大人」になる。その時に自我は自律性を獲得する。遂に自我は「自分がある」状態になる。自我構造が分化して「秘密」、つまり、「ウラ」を持ちうること、秘密を持つことで悩まないことが「大人になる」ことである。「オモテ」とは現実適応であり、当然、超自我が関与し、「ウラ」とは本能衝動が内的に防衛されることである。

こうして日本語の「大人になる」という意味は、「甘え」と「恨み」のアンビバレンスのさばき方を学び、アンビバレンスに対応して、自我つまり「自分」が「オモテ」と「ウラ」に適切に分化する。

オモテとウラが適切に形成しないと、「うしろめたい」という感覚が残される。エディプス複合以降の罪意識の典型である。日常の心理に随所に見受けられるものである。ここでも超自我の防衛的役割が指摘されている。

さて、以上が、フロイトの超自我論について土居が行った発展的解釈である。ここに要約した範囲でも土居の業績を幾つかに要約できる。(1)罪意識そのものが防衛的性格を持つことに注目した。つまり、精神分析が取り上げたのは防衛としての罪意識である。(2)生きた日本語とフロイトの理論を巧みに構成し、日常語による臨床を可能にした。この意義は重大である。(3)「甘え」の欲求、一体化の欲求を基礎におくことにより、罪意識を「他者との関係性」という水準で論じることを可能にした。

土居がフロイトの超自我論に付与した、この三点は皆、重要であった。しかし、実は土居のフロイト研究には、これ以上に大切な理論上の構造改革があった。この点を可視的にするために、先ずは、土居の文章の間隙に隠れている土居固有の「言葉」群の存在を指摘せねばならない。

四．「甘えの超越」：土居文献に介在する価値的言語群

1．「病的甘え」と「素直な甘え」

「甘え」と「恨み」の対語には、「健全な甘え」と「病的甘え」の対比が伏せられている。つまり、

土居は「甘え」という語を両価的（アンビバレント）なものとして捉える。この点は土居の思考を理解するには大切な点である。

土居は「甘え」と「恨み」という対語の周辺に、「わがまま」、「すねる」、「ひがむ」、「ひねくれる」、「意地っぱり」、「依估地」、「突っ張る」、「とりいる」などの語を配置する。「甘え」の周辺に配置された語彙群は、むしろ、「病的な甘え」を表現するに適した言葉である。一方、中心にある「甘え」という言葉は、健全な「甘え」を指すと理解してほぼ誤りではない。

先ずは「甘え」が本来、具有する健全な姿とは何か。土居はそれを「素直な甘え」、あるいは「初な甘え」と表現する。それでは、土居の語る「素直」とは何であろう。

それは完全な一体感。疑う余地のない一体感の世界である。しかし、「甘え」は常に自他の分離を前提とするから充たされることはない。このために人は「甘え」と「恨み」のアンビバレンスから自由になることはない。人と人の間の生々しい「甘え」は必ず葛藤を伴う。そして、必ず挫折する。土居は「甘え」の欲求を実現不可能なものと定義したのである。この意味では人間の示す「甘え」は全て病理性を持つのだろうか。土居はそうは考えない。

それでは土居は「素直な甘え」、「初な甘え」を何処に見たのか。

ここで土居が例示するのは、意外にも、殆どが聖書に関係したエピソードである。例えば、「汝ら幼児のごとくならずば天国に入ること能わず」という聖書の一節。別の所では、聖書のマリアとマルタの物語を取り上げる(4)。二人の姉妹を訪問したイエズスに対して無心に全身全霊で傾聴するマリアの姿に、土居は「初な甘え」を見た。

実は、人は宗教なしにも完全なる一体感の世界を享受することが可能である、とフロイトはいう。麻薬、性行為において人は瞬時、多幸的な一体感を体験する。フロイトはその一体感を大洋的感情と呼んだ。しかし、その一体感は一時的であり、多くは病理的ですらあった。そう考えるから、フロイトは一体感の幻想を充たそうとする宗教的救済の努力を人類の神経症と呼んだのである。

それでは土居は「甘え」の両価性の彼方に何を見たのであろうか。

2.「甘え」と「信頼」のテーマ

土居も又、多くの治療者と同じく、治療関係の基礎は「信頼」関係であるとする。しかし、土居は人の心が「甘え」から「信頼」へと超越する瞬間に注目する。それは土居が用いる「甘え」という言葉が「信仰」と「祈り」の深みにまで飛躍する瞬間である。土居においては、その飛躍の過程が詳細なコマ送りのように、具体的に見ることができる。

先ずは、次の一節を読んでいただきたい。

「甘える者は甘える対象と合一しようとする。しかし、それは実は不可能なのだ。それが可能と思う者は、それこそ甘いといわなければならない。なぜなら、甘えの中には初めから主客対立が前提されているからだ。だからこそ或る人々は甘えを超越しようとする」(3)

人は甘えるものである。しかし、「甘え」は必ず挫折する。それ故に、人は「甘え」を超越しようとする。ここに「信頼」と「超越」のテーマが出現する。これが正に土居固有のテーマであり、読者が見落とす点である。そして土居は「真の信頼は『甘え』を超越する」と語る(4)。

「イエズスがピエテートすなわち人間的愛情を絶対視しなかったことは明らかである。しかし彼は人間的愛情を否定はしなかった。人間的愛情はつまらぬもので、大事なものはそれとは異なる全然別のものであるという言い方もしなかった。イエズスはそのような身近な家族よりももっと身近な存在として御自分を愛することをわれわれに求められる。そうするとそのような愛は家族愛を特徴づける甘え的心情よりも更に深いもの更に純粋なものでなくてはならない。そしてそのような要求に答えることこそが信仰なのである」

「初な甘え」とは最も身近で、且つ、超越的な感情であり、そこに信頼が語られる。

「私が思うに真の信頼は甘えを超越するものではなかろうか、というのは甘えの感情は、もともと信頼感が乏しい場合にも起こりうるからである。むしろ信頼感が乏しければ乏しいほど、余計に甘えることがあるらしい」

信頼は甘えに根ざすが、そこには甘えの「純化」があり、「超越」がある。純粋な信頼の形を超越者への純粋な信仰心に見いだす。

以上、土居の「甘え」についての考え方は次のように要約できる。
①人間は本来、「甘える」ものであるが、
②「甘え」は分離を前提としているので充たされることはない、
③それゆえ人は「甘え」を超越しようとする
④真の「信頼」は「甘え」を超越する。

ここで読者は多くの問に残されることになる。「甘えの超越」とは何だろうか。土居は如何なる体験から、それを語っているのであろうか。それを知るために、土居の個人史を更に詳しく見ることにする。

3．「甘えの超越」のテーマ

土居は多くの信者が戦争賛成に向かう太平洋戦争の中で、徴兵検査において、「クリスチャンなので戦争は悪いことだと思う」と応える人間であった(11)。キリスト教は日本で如何にあるべきか。「文化の中に受肉しながら、しかもそれを超えるもの、当時の国家主義的な思想に惑わされない

もの、しかも無教会のように個人崇拝におちいらぬものを探していた」(10)

キリスト教は日本に土着化しなくてはならない。しかし、土着化とは「甘え」の文化の中で馴れ合うことではない。より普遍的なもの、確かなものにならねばならない。土居にとって「真」の信仰を確立することが如何に急務であったかが想像できる。

土居が「甘えの超越」を語るのは、この文脈である。

一九五三年、「カトリシズムと精神分析」(1)においてでは、「この甘えを超克しなければ、日本人は真の意味でクリスチャンになりえないと私は思うのです。しかし、甘えを超克するということは決して甘えの感受性がなくなるということではないと思います。潤滑油としての甘えは残るでしょう」と語っている。

「甘えの超越」というテーマが、国家主義のもっとも厳しかった時代を凝視し、その状況の中に生き、甘え合う日本的状況を超越する意志として語られたことに気づく人は少ない。しかも、土居はそこに新たな個人崇拝を警戒する感性すら語っている。「真なるもの(真実性)」への探究。「信頼」は「甘えの超越」の上に成立すると土居が語るのは、この文脈においてである。

キリスト教が日本に土着し「真」の姿を取り戻すのは、「甘えの超越」によってである。

そう土居が語るとき、精神分析も又、同じテーマを抱えている。そのように土居は考えた。キリスト教と精神分析は相互対立的な価値観を持つというのが当時の通説であった。しかし、土居はそ

JCOPY 88002-172

れに真っ向から反対した。そして、両者の接点にこそ、「真」の精神療法理論を形成しようと試みた。つまり、土居は精神分析とカトリシズムの両者に共通する足場を求めたのである。こうして彼が自らの問に答えたものが他ならぬ「甘え」理論であった。こうして土居においては、「甘え」という一語の背景に、フロイトの精神分析理論の対象関係論的な展開と、ホイヴェルス神父によるカトリック信仰の再解釈が、同時並行で、二重に実現された。土居は前者を精神科学の専門論文に、後者はキリスト教関係の論文に相互に独立して別々の雑誌に発表した。土居においては、信仰と科学の融合は、そのように、いわば構造的になされた。それはフロイトにはない新しい方法論であり、問題意識であった。

しかし、彼の探究は更に「甘え」をめぐる葛藤を深いものとした。

実は、彼を信仰に導いたのは他ならぬ彼の母であった。その母はプロテスタント信者であった。自分の信じるものを貫くには母への愛着を超越しなくてはならない。家族への愛着と社会的大義。若き空海が「三教指帰」で吐露した葛藤と同型である。

精神科医への道へと歩む以前に、彼の全存在を賭けた「甘えの超越」のテーマが、ここに始まっていた。彼は「甘え」の中に「馴れ合い」と「信頼」の両極を見た。後に、それを「甘え」理論として純化した。「病的甘え」と「素直な甘え」として概念化した。

その解決こそが「甘えの超越」であった。

このように土居の「甘え」という言葉は極めて個人的な「人間・土居」を語るものであった。それは「人間」の語りとして極めて普遍的であった。ここまで示せば、土居の「甘え」概念が基底においてスピリチュアルなもの、宗教的なもの、価値的なものに立脚することを読者も認めるであろう。土居の著作の行間には「人間の語り」が在る。それ故に心の棘、運命的挫折を語ることができた。土居の語りが人を魅了する秘密は実は此処にある。それ故に、他の著者が「甘え」の言葉を借りても、土居の如く語ることができないのは当然であった。

五．「見えざる他者」：「甘えと罪の心理学」を可能にした構造

1．「神の殺害への心理的参加」

これで罪意識について論ずる準備はできた。フロイトに戻ろう。彼は罪意識を科学的思考の対象にして超自我仮説を形成した。彼の試みは成功したかにみえた。しかし、彼が生きた時代は20世紀初頭であった。近代科学が成立し、人間が神に打ち勝ったとする時代であった。人間は世界の主体であり中心であった。時代の三大思想とはフロイトの精神分析、マルクスの共産主義、ダーウィンの進化論であった。フロイトは宗教を「人類一般の強迫神経症」と捉えた。マルクスは宗教を「麻

薬」とした。ダーウィンは人を「進化した猿」とした。彼らは皆、名探偵ホームズのように科学的思考を武器とした。

この時代精神を巧みに表現したのがニーチェの「神の殺害」という言葉であった。神という確かなものを失ったとき人は如何に生きるか。広場で「神を殺したのは誰か」と叫ぶ「狂気」の人、その状況の中で毅然と歩み出す「超人」。その二人の姿にニーチェは「神の殺害」を生きる「人間」を見た。

フロイトはニーチェの「神の殺害」の指摘を受けるかの如く、「原父を殺害した罪意識故に神観念が生じた」と語った。この時、フロイトは何処に向かって歩みだしたのか。彼の関心はギリシャ神話にあった。予言に従い父を殺害し母を娶ったことを知ったエディプスの絶望。それは毅然とわが目を抉る新たな英雄伝説の序章にすぎなかった。英雄エディプスの姿はニーチェの「超人」と極似していた。

ニーチェの語りからフロイトのエディプス論を受けて、その先の時代を語りうる者は極めて限られていた。そして、このタブーに正面から挑んだのが実は土居であった。この点でフロイトに対する土居の切り口は極めて鋭く容赦ない。

土居はフロイトの語り、つまり、「原父の殺害」について更に一歩、先を問う(6)。先ずは、それを紹介する。

「現代における神の死の容認は単に従来の神観念の否定を意味するだけではなく、神を殺した犯罪への心理的参加を意味するものでなければならない」

フロイトと土居の差異は明確であった。

フロイトは「原父を殺した罪意識」を語った。しかし、自分を神の殺害に荷担した者とは語らなかった。神は元々、存在しないと信じて語るようであった。フロイトが無神論者といわれるのは、このような姿であろう。しかし、思い起こして欲しい。ニーチェの狂人は「神を殺害したのは誰だ。自分より大きな者を何故、人は殺害することが出来るのか」と叫んだのである。人間による「神の殺害」は不可能であり、その不可能が起きたと叫んだのである。そこに人間の狂気を見たのである。本来、人間が「否定できないもの」を否定してしまった人間存在の底知れぬ闇。この点ではフロイトの思考は歯切れが悪い。

土居はこれを見逃さなかった。土居はフロイトの語りにこそ「神の殺害」の事実を見る。そして「神の殺害者として自らを自覚すること」、つまり、「神の殺害への心理的参加」こそが重要だと語った。

後に論ずるが、土居は「真性」の罪意識という表現を用いる。その意味を全ての土居著作の中で探すならば、私は「神の殺害への心理的参加」という言葉を挙げようと思う。ニーチェにおいても土居においても、現代的な罪意識の正体は神の殺害への人間の「参加」なのである。

土居とフロイトを明確に隔てる「神の殺害」をめぐる差異。これを要約する。

フロイトは確かに「原父の殺害」を語った。しかし、フロイトの主体は「神の殺害」には関心がなかった。それ故に殺害の後に生じた「神の不在」という危機状況については考察を欠いていた。

この点で土居のフロイト批判は極めて鋭かった。フロイトが「原父の殺害」、つまり、「神の殺害」を論じたとき、フロイトとその後継者の心の中に「偉大な父たらんと欲する心理」が無意識に働いたとする。フロイトは「神の殺害」を語ることによって、自ら「神の座」に座ろうとした(5)。フロイト以降の後継者も又、神を殺害し、自ら神の座に座ろうとした。

何故、フロイトは「神の殺害への心理的参加」という洞察に至らなかったのか。

フロイトには科学信仰、理性信仰があった。

そう土居は指摘する。確かに、フロイトは科学的態度を強調した。しかし、科学者の客観的な眼差しとは、天上の神の視線から世界を見ることだとする近代科学哲学の指摘がある。フロイト自身が世界的な精神分析運動の祖となろうとしたのであるから、自らが「神の座」に座ろうとしたという土居の批判は説得的である。

今、現代人は正に「神の不在」を生きている。現代人は「確かなもの」への過剰な警戒心を生きる。警戒心の中に逆説的に超越への憧憬を痕跡的に留めている。この危うい状況の中で「真性」の罪意識、つまり、「神の殺害への心理的参加」を正面から語った臨床家を、私は土居の他には知らない。もし、フロイトと土居が直接、対話する機会があったならば、土居の指摘に対してフロイトは驚き、持ち前の率直さで土居の指摘に感謝したのではないか、と私は想像する。二人は心の形が似ているのだと思う。

そもそも、ニーチェの作品に登場する狂人と超人。それはフロイトの語るエディプスと類似する。罪は不可避であり、その運命を生きる勇気が語られる。土居の「甘えの超越」を彷彿とさせる。そこに土居が語る「参加」の世界がある。

2.「隠れたもの」

フロイトは科学信仰によって、「神の殺害への心理的参加」から目を閉ざした。このように語ると き既に土居はフロイトの超自我論の背景に、フロイト自身が意識すらしなかった「隠れた信仰」が存在することを指摘した。それが科学、乃至は、理性への「信仰」であった。フロイトには「神の殺害」、「神の不在」という状況が自我に何をもたらすか、その深刻さが見えなかった。それが土居の批判であった。

何故、土居にはフロイトの「隠れた信仰」が見えたのか。

土居は真摯なカトリック信者でもあった。彼にとって宗教的信仰は不可欠なものであった。しかも、彼は精神分析の学徒であった。彼は無神論的構造を持つ精神分析理論と、自らの信仰を共存させねばならなかった。一見、矛盾した両者を同時に正しいものとして保持しなくてはならなかった。この難問を理論的に解決したのが次の一行である(2)。

「価値はいわば、精神療法がその中で行われる空気のようなものである」

ここに土居の基本姿勢があった。

ここに重大な疑問が生じてくる。それでは、この鋭い批判を行った土居自身は、自分の内なる「隠れた信仰」を如何に捉えていたか。これに答えるのが、一九七一年、土居の「精神療法と信仰」(7)という論文であった。

土居自身が受け持った患者に、「先生はお気づきにならないだろうが、私は先生に祈ることを教わった」と指摘される。そして、土居は自己分析し意外な結論に達する。つまり、「患者を照らしだす光が存在するという隠れた信仰が自分を支えていた。患者は正しかった」と語る。なお、症例の詳細は他で紹介したので結論だけ述べる(15、20)。

ここで土居が語る「隠れた信仰」とは何か。

単純に彼のカトリック信仰を指しているのではない。それは「神の殺害」の状況でも人間の心の中に生き残った「何か」である。「それ」は個別的信仰、つまりカトリック信仰の背後にも、精神分析的語りの背後にも共通して在る「何」かである。土居の宗教的信仰の背後にあり、臨床をも支える無意識的なもの。正に、人は心の奥で「何か」を既に信じて生きている。土居はその無意識的なものを「隠れた信仰」とも、「隠れた祈り」とも名付けたのである。「それ」は価値開明によって初めて明らかになる「何か」である。

宗教者でも、無宗教者でも、引き裂かれた自我を持つ現代人でも無意識に信じる「何か」。個別的宗教を超えた、もう一つの「何か」がここには在る。そして、実は、この「もう一つの何か」こそが、フロイトが求め続けたものであった。この点は後章で示す。

価値中立的な精神分析理論。同時に在る宗教的信仰の世界。その基底で両者を支える「隠れた信仰」。価値中立性と価値の共存。土居の精神療法論はあくまでも価値中立性と価値の二重構造の上に成立している。フロイトの理論構成では、この二つの「知」のモードが分化していない(15、16)。

3.「真なるもの（真実性）」

精神分析理論の世界とは価値中立性の世界である。その背後に価値の世界がある。価値中立性の世界の基盤には「隠れた」世界がある。隠れたところには「神の殺害への参加」という心の棘が在る。そこには只、神の不在が在る。不在とは「確かのもの」の不在であり、不確定性、つまり自由である。自由あるところ、選択、つまり人為的な価値判断が生ずる(14)。この状況をサルトルは、「人間は自由の罪を受けた」と表現した。この時点で土居は直ちに、「神の殺害への心理的参加者」として登場する。そこに自由で、且つ、運命論的な語りが可能となった。土居の著作は精神分析の枠組みを超えて価値開明によって解読されるべきものであった。

フロイトによれば、精神分析は「真実」、或いは、「真実性」に基づいて形成された。しかし、土居はフロイトの求めた真実が彼個人にとっての真実に過ぎぬと指摘した。土居にとって「真実性」とは「治療の目的は患者とともに真実を求めること」だった。

ここで「真実とは何か」という問いが立てられた。「神の殺害」以降、「私」、つまり、現代的自我の中では確かなものが「欠如」している。

「欠如」とは新しい形の認識であった。

「欠如」こそが発想の原点となった。豊かで、「真実」が隠れているところ。「真なるもの」とは「隠れたもの」であった。現代人は否定の形でのみ真実を認知する。ただ、現代人は膨大な隠れたか。

「何か」を語る言葉が与えられてはいないだけなのだ。

しかし、フロイトや土居は「神の殺害」の中にありながら、豊かに語ることができたのは、何故か。

「欠如」を語る言葉を持っていたからである。

土居の精神療法用語には巧みに価値的言語群が用意されていた。

つまり、「甘え」、「素直」、「超越」、「信頼」等々、それらは土居固有の価値的な言語群であった。

土居しか語り得ない精神性の世界。そこへと読者を巧みに導く土居の語り。土居の世界へ入るための秘密のキーワード。精巧に構成された構造的な「飛躍の技法」。価値的言語群が一度、語られた時点で状況は一変する。そこで精神分析的思考は背後にある価値的思考の語りへと飛躍する。今や月並みとなった精神分析的議論。実は、そこに土居の「語り」の二重性が隠されていた。その時、彼の「語り」は基本的にエシカルでスピリチュアルなものとなった。

土居の論文には随所にこの飛躍がある。価値中立性から価値的思考への飛躍がある。これで読者は、土居の「語り」の秘密の幾つかに触れたと思うが、如何であろう。

私が「死の欲動」という本(19)を書いた時、土居先生が書評を書いた。そこに「真性」の罪意識という言葉が登場する(12)。

そこでは土居は病的罪意識と真性の罪意識を明確に分けて論じている。「真性」の罪意識という言葉はフロイトの精神分析にはない。「真なるもの」、真実性についての考察は土居固有のものである。隠れて在り明確に捉えられないもの。それ故に、確かなもの。この秘められたものへの強い憧憬が彼の文章の行間から人の無意識に伝えられる。そこに土居は「神の殺害への心理的参加」を語る。見落とされやすい点は、土居は運命的状況への「参加」が不可避だと指摘したのである。参加の世界は人との出会いの世界であり、価値中立性を超えた世界、関係性の世界である。この水準では「甘えと罪の心理学」はフロイトの精神分析を超えて、価値開明の技法だった。今、「参加」という言葉は医療・保健・福祉実践論の中心概念の一つである。それを精神性の世界にまで深めて存在の痛みの水準で語りえた者を、私は土居以外には知らないのだ。

4.「見えざる他者」

参加の世界は人と人との相互性の世界であり、相対の世界である。それは一見したところ、「確かなもの」が欠けている。「欠如」の世界である。それでは参加の世界の何処に土居は超越を見ることが可能であったか。この点について分かりやすく語ったのが一九八二年、「ジュリアン・グリーン『他者』について」の書評である(9)。

彼はまず、「憐れみ」がいかに憐れまれる人間を傷つけるかを説明する。そして他者への「憐れみ」

が「信頼」へと飛躍する瞬間を精密画のように描く。

彼は先ず聖書のイエズスの言葉をあげる。

「私の兄弟たちの中一番小さい者の一人にしたのは私にしたのである」

そして、土居は語る。

「キリスト教の意味するところは畢竟するに、神が人間となって、人間の運命を荷なったということに尽きる。それ故に神は人間ひとりびとりの中にいま一人の他者として存在する。……人間的愛をエゴイズムから救うものは、このような見えざる他者の介在であるとキリスト教は教えるのである」


人が出会う他者一人一人の中に超越的他者を見る。

それこそが人間的な「甘え」のエゴイズムから「初な甘え」へと人を超えさせる。そこに「甘えの超越」が可能になる。そこに「信頼」が築かれる。「とろかすような」母の愛を語った古沢から土居が決裂しても守らねばならなかった「甘えの超越」の世界がそこには確かに語られていた。

他者の中に居る「見えざる他者」。

それは名のない「匿名的他者」である。不在の他者である。それは他性、或いは他者性というべきものである。人の中に「見えざる他者」を見ること。人の中にある「隠れた信仰」を見ること。

JCOPY 88002-172

両者は同じことなのであろう。キリスト教の言葉では、その他者は「神」である。しかし、「神の殺害」の時代においては、「それ」を指し示す言葉は何なのか。

フロイトは人の中にある他者性をドイツ語の第三人称、「エス（Es）」、つまり、「それ」という言葉で表した。フロイトがエスの中に見たのは自らが殺害したはずの神話上の神々であった。「エス」の中では神話の神々がイキイキと生きていた。殺害されたのは「神の名」だけであって、名目から解き放たれた本体は「エス」の中に、人の中に、不気味に生き続けた。彼が無意識の実在性を語れば語るほど彼の個人的な信仰告白に聞こえるのはこのためであろう。

土居はフロイトに理性信仰を見た。フロイトの理性信仰は表面的な防衛手段であった、その背後には「神の座に座る心理」が隠れて在った。しかし、フロイトが心のより深いところで信じていたのは、ギリシャ神話で代表される太古的な神々の営みであった。それ故に晩年のフロイトは自らの精神分析を「神話学」と呼んだのだろう。

土居は人の心の深奥に「隠れたもの」を見た。

「それ」は名のないもの、真なるものであった。しかし、フロイトと土居の思考は深みにおいて大きくは異ならなかった。フロイトも土居も個としての人間の中に他者を見たからである。

個人の意識を超えた存在、固有名詞で指し示すことの出来ない存在。匿名性と普遍性を本質としたもの。信仰も無信仰も超えたもの。個別的宗教・宗派の差異や対立を超えた「何か」。科学と宗教の対立をも超えた何か、真なるもの。匿名的他者。絶対的他者。途轍もなく膨大な、もう一つのもの。その実体は何か。愛も憎悪も、神も悪魔も、仏も鬼も、生も死も呑み込んだ世界。それは、あたかも一度、殺害された神々が個々の人間の心の奥に匿名性をもって復活したように見える。

「エス」と「甘え」という言葉は「何か」が闇から復活し「何か」を演じるための舞台だった。空海ならば、その舞台を「空（クウ）」と呼んだであろう。フロイトも土居も各々の言葉で「それ」を描こうとしたのであろう。この点で、実は、フロイトの精神分析論と土居の「甘え」理論は極めて近似した精神性を備えていた。

私にはそう思えるが、読者は如何だろうか。

最後に、改めて、「それ」とは何か。

「それ」は人の心の奥に「自ずから在るもの」であり、「自ずから然りなもの」である。それを私たちは通常、「自然」という言葉で総称する。要するに、二人とも「人間」の内に在る無限の大自然を、曇りのない「素直な」心で直視する必要があると私たちに語ったのであろう。私はそう感じるから、私の聴覚には、土居、フロイト、空海の語りが重なり合って響いてくるのだ。彼ら三人が同じ精神性の深みに触れた先達だと想い、身近に感じて、信頼するのだ。

六．おわりに

罪意識は心の臨床では避けることの出来ない基本テーマである。しばしば、患者は治療者よりも深い罪意識を持つ。この難題を前にして、「神の殺害」のテーマが避けられないことを私は土居先生から学んだ。大胆ではあるが読者の参考までに私が学んだものを、ここに要約し紹介させていただいた。私の個人的な土居理解として読んでいただきたい。読者の臨床の参考になれば幸いである。

今は素朴に思う。フロイトが宗教を幻想とみたことは洞察的であったと。一度、人類は宗教から自由にならねばならなかった。しかし、そこに待っていたのは確かなものの喪失という絶望的な精神状況であった。現代人は混沌の中に投げ込まれた。主体と対象、価値と無価値が錯綜する。土居の「神の殺害への心理的参加」という定式化が語るのは、「欠如」[18]という大掛かりな時代的転換であった。「欠如」という真実。「確かなもの」の不在、不確実だけが確実となった。それが「参加」という相互性の世界であった。

個別宗教が相対化する時代。その状況においてすら、罪意識は「神の殺害への心理的参加」の記憶として残遺する。その記憶は人の心の奥の棘として残り消え去ることはない。そして、その記憶こそが、より真なるものを見る勇気、生きる勇気を産み出す。ニーチェの超人や英雄エディプスのように。土居先生はそう語っていた、と私は思う。

土居先生による甘えと罪の心理学的考察はスピリチュアリティ、精神性の世界の深層へと読者を導く。私が今、言えることは此処までである。これ以上の饒舌は不要であろう。後は読者自身が自由に思考を楽しまれたい。罪意識は心の奥の棘だとして、この小論を書き始めた。しかし、これを読んだ幾人かの読者が土居先生の精神療法論の深みに触れたならば、私としては満足である。

追）本論文は二〇〇八年四月、日本語臨床研究会での教育講演に加筆したものである。

引用文献

（1）土居健郎：カトリシズムと精神分析．世紀（1953）．In 土居健郎、信仰と「甘え」、春秋社、東京（1990）
（2）土居健郎：精神療法と精神分析．金子書房、東京（1961）
（3）土居健郎：精神分析と精神病理．医学書院、東京（1965）
（4）土居健郎：甘えと信仰．カトリック新聞、5月22日（1966）
（5）土居健郎：フロイトの遺産．世紀、5月号：40―47（1967）
（6）土居健郎：加害者意識と被害者意識．批評、夏季号：2―13（1969）in「甘え」雑稿、弘文堂（1975）
（7）土居健郎：精神療法と信仰．心と社会、4月号8―13（1971）．In 土居健郎、信仰と「甘え」．春秋社、東京（1990）
（8）土居健郎：性格の精神力学．戸川行男、長島貞夫、正木正、本明寛、依田新　編：性格心理学講座　第一巻　性格の理論：106―126頁、金子書房、東京（1981）
（9）土居健郎：書評「ジュリアン・グリーン『他者』について」In「甘え」さまざま．弘文堂（1989）
（10）土居健郎：キリスト教の土着化について．In 信仰と「甘え」．春秋社（1990）
（11）土居健郎、熊倉伸宏、関根義夫：座談会　日本の精神病理学・回顧と展望（5）、土居　健郎先生

をお訪ねして．臨床精神病理、22巻3号、257—272（2001）

(12) 土居健郎：書評「死の欲動—臨床人間学ノート」日本書事新報№3990（2000年10月14日）

(13) 熊倉伸宏、伊東正裕：「甘え」理論の研究．星和書店、東京（1984）

(14) 熊倉伸宏：精神科治療におけるpaternalismと自己決定に関する文献的な考察．精神神経誌 89：593—614（1987）

(15) 熊倉伸宏：精神療法における価値の位置：土居健郎の「甘え」理論をめぐって．思想、801：100—115（1991）

(16) 熊倉伸宏：「甘え」理論と精神療法．岩崎学術出版、東京（1993）

(17) 熊倉伸宏：「自分」と自我論．北山修 編、「自分」と「自分がない」」、星和書房、P3—18（1997）

(18) 熊倉伸宏：「甘え」と欠如．北山修監修 「甘え」について考える、p113-128、星和書店（1999）

(19) 熊倉伸宏：死の欲動—臨床人間学ノート．新興医学出版（2000）

(20) 熊倉伸宏：臨床における「信じる」ことの一考察—土居健郎論文、「精神療法と信仰」を再読する.こころの健康,23-2：（2008） 印刷中

JCOPY 88002-172

第五章　「父なるもの」について
…フロイトの宗教観…

　フロイトの宗教論は、彼の創造物である精神分析を基底でささえるものでありながら、彼の理論のなかでも、もっとも謎にみちたものの一つであった。それゆえに私たち、後の世代に属するものは、一種の恐怖と羨望をもって、このテーマを遠巻きにして、避けてとおるのが賢明とされていた。しかし、いま、あえてこのテーマを論ずるのは、フロイトの精神分析をささえる「何ものか」を、そこにうかがい知ることができるからである。

　一八五六年、フロイトはオーストリア・ハンガリー帝国のフライベルグで産まれ、ウィーンで育った。当時のウィーンは反ユダヤ人感情がつよかったと言われる。彼が十二歳のときの有名なエピソードがある。ある日、父が道を歩いていると、キリスト教徒の男が父に「ユダヤ人め、歩道からおりろ」とどなりつけ、彼の新しい帽子をどぶに投げ込んだ。幼いフロイトが「それで、お父さんはどうしたの」と聴くと、父は「どぶに踏み込んで帽子を拾ったよ」と事もなげに答えたという。この時からフロイトのなかで、父は英雄の座を失い、フロイトはカルタゴのハンニバルを崇拝し、彼と同一視するようになった。ハンニバルはセム族（ユダヤ人）を指揮してローマ帝国と戦った英雄であった。フロイトによるユダヤの英雄との同一視は、彼が精神分析の創始者としての座をきずきあげたとき、モーセとの自己同一視として再現された。モーセはイスラエルという宗教的集団を設立し、ユダヤ人をひきいてエジプトからの脱出に成功し、神ヤハウェとイスラエルの間の契約の仲立ちとなった人物であった。西欧の予言者の伝統はモーセから始まるといわれる。そして彼の影響はイスラエル宗教、ユダヤ教、キリスト教にとって決定的なものとなった。

彼自身は無神論者を自認する。そして彼は晩年、その宗教論において、徹底したヨーロッパ・キリスト教文化批判を行った。その内容の壮絶さは、読者を圧倒するに十分であった。そこには誇り高い、真理の探求者としてのフロイトの姿があり、そこでモーセとの同一視が指摘されていたのである。

彼の宗教論は、歴史的に異文化のなかに棲んできた私たちでさえ圧倒する力をもつ。それは彼の文化批判がたんにヨーロッパ・キリスト教文化批判におわらないで、その背景により普遍的な問いかけを含んでいたからであった。私たちは、まず「真実」を追求する彼の徹底した姿勢に圧倒される。そして「探求者・フロイト」が現代人に時代をこえ、文化を超えて語りかけてくる、その力に圧倒される。彼はまさに彼自身が描いたモーセ像のように仮借のない、徹底した壮絶さで何ものかを追いつづけ、現代人に問いかけてくる。彼が発した問は、真実についてであったから、彼は、私たちの時代がもつ真実について問いかける力をもつ。

フロイトの宗教論は、このような圧倒的なものであるから、それを論じえた者はほとんどいない。そこで、まずは私はフロイトがどのようにして宗教論に踏み込むことになったかから、この難解な課題に入ろうとおもう。

一．フロイトは、なぜ宗教を語ったか？

1．精神分析の「父」としてのフロイト

彼の宗教論は彼が精神分析の創始者として国際的な評価をえたときに始まった。彼の評価は、それに匹敵する強大な批判、ヨーロッパ・キリスト教文化からの社会的抵抗をともなっていた。そこで彼は、その社会的抵抗を分析し、その中で自己分析をつづけた。そこに宗教論が不可避なものとなった。

一九〇〇年に「夢判断」を発表して以来、おおくの社会的抵抗を体験して、フロイトの精神分析は神経症の治療法として認められるようになった。この当時、たしかに彼は歴史的、宗教的な関心

を随所に示していたが、彼の関心は臨床の神経症であり、神経症者の心の中にあるとされる「心的事実」の探求にあった。

一九一〇年、国際精神分析学協会が発足し、これから一九一四年の第一次世界大戦にむかって、彼の念願であった精神分析運動が実行されていった。フロイトが精神分析の創始者として、国際的承認と、大きな社会的抵抗を体験した時期であった。そして精神分析の中心課題ともいうべき、後継者の離反が生じ始めたのも、この時期であった。そのなかでもユングの離反は、フロイトにとって、理論上、また個人的感情において、他の離反とは比較にならないほどに大きな意味を持っていたとされる。その経過をジョーンズによるフロイトの伝記からたどることにする。

実際に二人が会ったのは一九〇七年であった。二人は神話と比較宗教学について話し合い、まさに相思相愛にある父と子の関係となった。チューリッヒにいるユングにとって、フロイトは遠くからみることだけを許される救済者であり、魂の約束の地へとみちびくモーセのような存在であった。一方、フロイトはユングのずば抜けた才能をみぬき、彼こそが精神分析の「後継ぎの息子」と考えた。ジョーンズは、このエピソードを述べた後に、次のような非常に興味ぶかいコメントを加えている。二人の関係からは、あきらかにフロイトの「モーセとの自己同一視」が読みとれるというのである。フロイトは生涯をかけて、この同一視をみずから語ってはいない。むしろ彼は無神論者でありつづけた。しかし彼が死の直前、一九三九年になって、ようやく「モーセと一神教」において、この問題に果敢にいどんだ。そこにフロイトとモーセとの同一視が、あたらしい文脈の中に語られたのである。

2.「モーセの不安」

この時期にはじまる彼の宗教論は、基本においては、フロイト自身の自己分析の過程、つまり彼自身の神経症のより深い分析の過程から生じたものであり、「夢判断」において一度、完成された精神分析の再編成、とくに「心理的実在」というフィクションへ自ら挑戦する過程として、もっとも良く理解できる。

一九〇八年、フロイトとユングの関係を象徴する出来事がおきた。ユングはキリスト教牧師の息子であり、かつ狂信的な禁酒者とされているが、ある時に、フロイトと弟子フェレンツェは、この禁止を破らせ酒を飲ませることに成功した。しかしその直後、フロイトは失神し倒れた。彼のこの神経症は、ふたたびユングとの間で繰り返されることになる。この二回の発作は共に、フロイトがユングを権力的に服従させた直後に、その勝利を恐れるかのように生じたのであった。フロイトがもっとも愛する子に対して行った権力的な征服行為、それは父としての去勢行為であって、その卑劣さと凡庸さにこそ、フロイトの偉大さが築かれたのであった。

当時、ユングはまさに彼の自己分析の中心課題を象徴する人物であった。なぜなら国際的な名声をえたフロイトにとって、キリスト教徒とユダヤ教との対比、アーリア人とユダヤ人という対比、つまり民族と宗教問題はもはや避けられない課題だったからである。その文脈において、「モーセとの同一視」といわれる彼の心性が語られたからであった。理想的な父子関係のような二人の甘いハネムーンの時期はすぎ、理論、臨床面での相違はまもなく明らかになった。そこにフロイトによるユングの去勢願望と、ユングによる父親殺しのシンフオニーがかなでられた。ユングは性の問題を中心的な課題とは考えてはいなかった。むしろ彼はリビドーを一般的緊張とみなし、近親相姦をも他の傾向の象徴と考えた。一九〇九年、まずはフロイト門下のアブラハムとユングとの間に亀裂が生じた。ユングの理論は非科学的で神秘的であり、フロイトの精神分析に反しているという批判であった。このときにはフロイトはアブラハムに手紙をかいて彼をなだめた。「(ユングは)キリスト教徒であり、牧師の息子であるので、大きな内的抵抗にさからってはじめて私の所にいたる道を見いだし得るのです」と彼はかたった。つまりユングが内的な抵抗を克服し自己分析することができれば、彼は自分の心への新しい洞察をもつ。彼が正しい洞察さえ得ればフロイトの所説にたちかえるはずだとフロイトは信じていた。ところが事態はそのようにはいかなかった。つまりフロイトの精神分析理論を否定するかのように、ユングは彼のもとには帰らなかった。

フロイトはまず一九一一年から、「トーテムとタブー」の著作にとりくんだ。「ちょっと火遊びのつもりでいたら、この齢をして新しい女を妻にせねばならぬのに気づいたような感じです」と語り、しだいに彼は、それに引き込まれていった。フロイトは、ユングがキリスト教者であるから、道徳的美徳という世襲的弱点をもっていると考えた。ここから彼の宗教論がはじまり、ヨーロッパ・キリスト教文化を神経症的として徹底して批判する方向へと発展したのである。彼はこの論文で、「我々とアーリア族の神信心の間にはっきりとした分裂を作るのを助けることになる」と予感していた。しかし父がキリスト教徒にそうであったようには、フロイトは道を譲ろうとはしなかった。「確かにユダヤ人の精神とアーリア人の精神の間には大きな違いがある。……しかし、アーリア人の科学とかユダヤ人の科学というようなものがあってはならない。科学上の結論は、たとえその表現がちがうことはあっても、同一でなければならない。」フロイトは、唯一、理性とその表現である科学を信じ、その絶対性を信じていた。しかも彼の方法こそが科学的であり、「真理」をつかむのだと強く確信していた。「唯一なるもの」への彼の強い確信と、モーセとの同一視が、ここでは同時に語られている。

一九一二年十二月、ミュンヘンにおいて、フロイトとユングの不和をとりなすべく、会合がもたれた。しかし彼はユングに容赦なく「父親じみた説教」を加え、ユングはそれを受け入れたという。そして彼は、ふたたびユングの狂心的な禁酒の伝統をあざ笑い、彼に酒を飲ませることに成功した。その直後、フロイトはふたたび気絶し床に倒れたのであった。フロイトは、この事件を、彼の小さな弟ユリウスに死の願望を抱いてそれが成就したときと同じように、「成功によって破滅する人々」

として捉えた。この「成功への不安」が「モーセの不安」なのである。

3.「探求者・フロイト」

フロイトはユングとの分裂は望まないとかたっていた。しかしその言葉に反して、彼は二人の分裂をはやめることを知りながら一九一三年には「トーテム」を出版した。そこで彼は父親殺害を理論の中心にすえて、「宗教、道徳、社会生活、芸術のそれぞれの起源がエディプス・コンプレックスのなかに集結している」ことを述べた。しかし、彼の理論では、トーテムから神へ移行する段階、つまり一神教の問題、ユダヤ教とキリスト教の問題は後に残された。当時、ジョーンズたちはフロイトの熱狂を心配し、彼の説はフロイトが「父親を殺して食べる興奮を示しており、また彼の疑惑はその反応にすぎぬのではないか」という意見を述べたという。フロイトはこれに対して、「夢判断」では「父を殺したいという願望を描いた。しかし今は実際の殺人を描いている。何のかのと言っても、願望から行為へ移るのは大変な歩みなのだ」と答えたという。フロイトはかつて彼の精神分析理論が歴史的・社会的事実を扱うのではなくて、心的事実、つまり個人的無意識をあつかうことを公言した。しかし、この時点で彼は、心的事実としての父親殺害ではなくて、太古の歴史的事実としての父親殺害を探求していたのである。それは、かつて彼自身が作り上げ、その存在を他者に信じさせた「心的事実」というフィクションへの、彼自身の意義申し立てとなった。

この時期にはフロイトとユングの決裂は決定的となり、一九一四年にはユングは精神分析の年報の編集者と分析協会会長を辞し、ついに協会員をも辞し、二人の関係は一気に破綻へと向かった。そのようなユングの行動は、ドイツにおけるフロイトの精神分析批判の風潮のなかで、人生についてのより正気な見解への復帰として賞賛されたという。フロイトはユングのこの行動を社会的抵抗に屈したものと理解し、これ以来、両者の異なった歩みが、現在においても、後進の者によって反復されることになった。

4.「モーセと一神教」

その後、フロイトの宗教論は大きな発展をみせないまま、一九二三年に彼は右あごと口蓋の癌をわずらい、それ以来、再発と手術を繰り返すことになった。しかし一九二七年、「幻想の未来」において、ふたたび彼はキリスト教批判を行う。しかし彼自身のこの論文への評価は低いものであり、彼がモーセを語るのは、彼自身の死においてであった。

彼が最終的にこのテーマを取りあげるのは、晩年、一九三六年であった。「暇な時にするべきことを思いつかぬままに、ある書きものをはじめたところ、私の意図に反して、それはひどく興味がわき、他の一切のことは、脇におかれてしまいました。しかし、それを読めると思ってよろこばないで下さい。……我々は厳格なカトリック信仰の雰囲気の中にくらしているのです」と、彼はいった。

彼はこの論文を発表することでユダヤ人の精神性が、ヨーロッパ・キリスト教文化のなかで批判されることを恐れた。彼は、「我々ユダヤ人は、つねに、いかに精神的価値を尊重すべきかを心得てきました。我々は、我々の統一を、思想によって保ってきたのであり、思想ゆえにこそ。我々は今日まで存在し続けたのです」と書き残していた。

一九三八年、ナチスの迫害から逃れて、フロイトはロンドンへ亡命した。その自由のなかで、彼は自分をナチスから守ったキリスト教と、自分が誇りを持ちつづけたユダヤ人の強い反発さえ覚悟して、ついに「モーセと一神教」を書き、一九三九年、その発行の年に他界した。そこでフロイトが描いたモーセ像に、私たちは精神分析の「父」であるフロイトを読みとることができる。

二. フロイトは宗教論で何を語ったか?

1. フロイトの神経症論

フロイトの宗教論はきわめて独創的で、空想的、かつ独断的で過激である。以下に、この点を要約、紹介する。フロイトは彼の神経症論を、「早期における外傷……防衛……潜伏……神経症の発病」と定式化した。つまり幼児期にうけた性的外傷が抑圧され、その抑圧されたものが部分的に歪曲され加工されて回帰し、神経症症状を形成すると考えたのである。この時に外傷は症状形成において積極的、消極的の二つの作用をもつ。積極的な作用としては「外傷への固着」があり、その結果、反復強迫が生じて、その外傷体験を繰り返すことになる。一方、消極的反応としては、外傷からの防衛反応があり、ここに回避や恐怖症が生じてくる。

フロイトの宗教論においては無意識的なものとは、集団的なもの、普遍的なものとされた。したがって彼は個人心理学としての神経症理論を宗教発生の心理学へと普遍することができた。しかし彼は、ユングの「集団的」無意識の概念を導入することで、何かが達成されるとは考えなかった。人間の個体発生と人類の系統発生は、類推として同一にすぎないことを、そこには同一性と差異が存在することを彼は熟知していた。彼はヨーロッパ・キリスト教文明のなかに生き、そこでは彼自身が異端であることを熟知していたのである。そこで彼はただ、太古における心理学的沈澱物が相続され、ただ覚醒されることだけを待っているという普遍的な仮説だけを立て、彼の宗教論に臨んだのであった。

2. 宗教は人類の強迫神経症である

「幻想の未来」の結論は、「宗教は、人類一般の強迫神経症であって、幼児の強迫神経症と同じように、エディプス・コンプレックス、つまり、父との関係から生じた」という点にある。

彼はまず人間が全宇宙に対して弱小で無力の感情をもつ存在であることを認める。むしろ、この無力感への洞察が、彼の理論構築の場となった。そして「大宇宙における人間の微々たる役割におずおずしながら甘んじているものは、むしろ言葉のもっとも真実な意味において非宗教的なのだ」と彼はいう。そして彼はヨーロッパ・キリスト教文化における宗教の本質を、このような無力感の認識にではなくて、つぎの段階、そのような存在であることの不安に対する特異な対処法、つまり、そういう感情から救済されうると信ずる点、つまり逃避にみいだした。彼が幻想というときに、もっとも批判したのは、この「救済」と「福音」の思想であった。なぜならば彼は、宗教によって、「(救済されたいという) われわれの意志を神におしつけること」を不当だと考え、文化の基礎を救済の宗教のうえに築くことに強く反発したからであった。

このように彼はキリスト教文化に神経症的な非合理性をみいだし、それを合理的精神活動でおきかえようと試みた。したがって、まず彼が宗教に対峙させたのは「科学的世界観」であった。このような経過から彼の宗教論は表面的には、宗教を科学的世界観におきかえる、という試みとなった。そして彼のいう科学とは、「唯一なるもの」、「真実なるもの」、「父なるもの」への徹底した探求に他ならなかった。

3. トーテミズムと父親殺害

フロイトは宗教の起源を太古の父親殺害にみる。原始時代には人間は小さな群れをなして生活をしており、どの群れも「強い雄」の支配下にあった。フロイトはこれを「原父」とよび、原父こそが神の原型であると考えた。そして社会体制の最初の変革は息子たちが兄弟結合を形成し、父を殺害することであった。この父親殺害の原光景が人類の心理学的沈澱物となって、覚醒されることのみを待って、人類に相続されることになった。

父親殺害への最初の人類的な反応として、人々は殺害された父親に対する崇めと恐れから、強い動物を父親代理とみなしトーテムを形成した。トーテム動物は祖先であり守護神とされたが、トーテム饗宴ではトーテムは殺され食いつくされた。つまりトーテムは父親殺害と食人行為の表現であり、ここに「汝、殺すなかれ」というタブー、および近親性交タブーと外婚が形成された。この時代は父親の排除によって母権制度が出現したとされる。

トーテミズムのつぎには、崇拝されたものの擬人化がおこり、動物の代わりに人間的な神々が登場する。はじめは偉大な母性神が出現するが、しだいに男性神に置き代えられていく。多神教の男性神たちは父権家長時代の状況を反映するものであった。

このつぎの一歩が、絶対的に支配する唯一の父性神であった。

4. 抑圧されたものの回帰

彼は「ユダヤ教は父の宗教であったが、キリスト教は息子の宗教となった」という。彼は宗教を「抑圧されたものの回帰」、つまり原父殺害の記憶の反復した回帰にみるが、彼は、そのもっとも純化された形態をモーセの一神教にみた。そしてキリスト教においては、この一神教は神経症的メカニズムによって多くの象徴的儀式をとりいれ歪曲され、ユダヤ教から文化的に退行した、と彼は考えた。

彼は、まずキリスト教における救済を幻想とした。キリスト教における原罪、つまり死に値する罪とは、神として崇められた原父殺害以外にはありえない。しかし、キリスト教においては父親殺害が回想されることはなく、それに代わってその贖罪、救済と福音が空想された。しかし人類の罪を背負い犠牲死をするという救済者の行為は非合理であって、救済者とは、じつは父を殺害した兄弟結合体の統率者その人以外にはありえない。そしてキリストによって古い父なる神は背後に退いて、息子であるキリストが父の座にすわることになった。これこそが、あの太古に、どの息子もすべて切望していた父親殺害とそっくりそのままであった。

もはやキリスト教は厳格に一神教的ではなく、偉大な母神像をもつくりあげた。聖体拝領の儀式は、信者が神の血と肉とを象徴的形式において体内にとりいれることであり、それはキリスト教がトーテミズム、その食人行為へと退行した証しである、とフロイトは指摘した。これがフロイトによるヨーロッパ・キリスト教文化批判であった。

5.「人間・モーセ」

フロイトにとってのユダヤ教は、彼の語った「人間・モーセ」像につきる。ユダヤ人を選んでエジプトから解放した神のうしろに、モーセという「人間」がいた。つまりユダヤ人を創造したのはモーセという一人の人間だった、とフロイトは考えた。彼はモーセによって割礼と選民思想のなかから、偉大な精神性が誕生する姿をみたのであった。

興味ぶかいことには、フロイトはモーセをエジプト人とみて、一神教の起源をエジプトにもとめた。彼に重要なのは、ユダヤ人の創造であって、その過程で達成された高い精神性であった。もともと、エジプトには割礼の儀式が存在していた。しかも当時、エジプトでは多神教が信じられていたにもかかわらず、アメンホーテプ三世の治世では、太陽神「アートン」信仰が形成され、アメンホーテプ四世はそれを厳格な一神教として完成させた。この流れを汲むモーセが多神教の圧倒的な隆盛のなかで、ユダヤ人をえらび紀元前一三五八年にエジプト脱出をはたした。それが後に選民思想として引き継がれたと、フロイトはいう。しかし、まもなく啓蒙的専制君主であったモーセ殺害が生じた。モーセ殺害はフロイトにとって歴史的事実だったのである。

モーセの厳密な一神教は、モーセ殺害から一定の潜伏期間の後に、割礼と選民思想をともなったユダヤ教として、純化されて回帰した。そこでは神の像は禁止され、神は名前も顔も持たないし、「神の名」をかたること自体が厳密に禁止され、その「唯一なるもの」は徹底した禁止の中にあった。

この禁止は、目に見ることのできない神を崇拝せよという強制であって、この神への帰依の陶酔こそが、偉大なる原父が回帰したことへの原初的反応であった。それは感性に対する精神性の勝利を意味し、そこに高度な精神の帝国が形成された。その精神性は感覚によっては証明されないもの、禁止されたものであり、触れてはならないものであって、それが「父であること」への禁止であり、父親殺害の禁止であった。「父であること」は「母であること」のように、感覚の証言によっては証明されない。したがって「父であること」が厳密に禁止されたとき、そこに高度の精神性、記憶や熟慮や推理過程が展開したのである。父親殺害は、厳密な禁止による精神性の純化を意味していた。

「父なるもの」の禁止とともに、「精神帝国が人間に対して開かれたのだ。人間は、自分が身につけていた魂が、自然のなかの他の一切のものにもあると思う気になった。全世界は魂を吹き込まれ、ずっとおくれて登場した科学は、世界の一部からふたたび魂を追い出すために、たっぷり仕事をしなければならなかった」、とフロイトは述べている。

父親殺害の厳密な禁止は自我に代理満足をもたらすことになった。両親の代理人である超自我から、自我はもっと愛されることになった。偉大な原父の回帰に対する最初の反応は神への帰依の陶酔であり、割礼はかの原父がかつて絶対的権力を存分に行使して息子たちに課した去勢の象徴的代理物となった。これがモーセが自ら殺害されることによって後世に構築した一神教であった。

三・「父なるもの」の回帰

フロイトは「父なるもの」の回帰において、父親殺害を避けることができない歴史的事実として語った。それは徹底した禁止による精神性の純化であった。そして彼は直前にせまった彼の死において、その死を超えた「未来」に対して語りかけた。語りかけられたのは未来人としての私たちであり、その現代的自我であった。現代はフロイト殺害の後に、彼が回帰するはずの約束の地だからであった。

「ある宗教の発生……たしかにユダヤ教もまたそうであるが……に関係する一切のことには、われわれのいままでの説明によってはおおいつくせない、何かある大がかりなものがつきまとっているのである。もっと別の要因が一枚加わっていたにちがいあるまいが、それに類似したものはあまりないし、同種のものとなるとまったく見あたらないのである。それはつまり、ある唯一のものであり、そこから生じているもの、すなわち、宗教と同じサイズをもった何ものかである。」

フロイトにおいては「唯一なるもの」は、「もう一つのもの」として登場した。それは背後に秘められたものであって、現象に「他」性をあたえるものである。この「唯一なるもの」に含まれた他性が、「父なるもの」の第一のパラドックスであった。それは彼の宗教論と科学論を基底をささえた他性であった。

「人間・モーセ」は父親殺害の禁止をその極限まで純化し、「神の名」の禁止において、かつてない高度な精神性の帝国をきずいた。一方、「人間・フロイト」はこの禁止を徹底し、神から生ずる精神性すら禁止した。そして彼自身を新たなモーセ殺害者の位置においた。こうしてモーセとフロイトと原父の間に雄大な三角形が形成された。それを貫くのは「父なるもの」の殺害であり、その徹底した禁止であった。「殺害による純化」は、フロイトが語る「父なるもの」の第二のパラドックスであった。モーセの一神教の精神性をさらに純化する過程で、フロイトは必然的にモーセ殺害へと導かれたのであった。彼のこの雄大な試みは、「神の名」の禁止をモーセを超えて深化することであった。それは父親殺害を人類の反復強迫として、歴史的に承認することによって成し遂げられた。原父・モーセ・フロイトの三角形には、人間しか存在しえないので、その三角形の各頂点には絶対者たる「主体」が形成された。そこに生じた「主体」とは、万能の殺害者であって、その事実によって自ら被殺害者となることであった。

この主体をいろどるのが、絶対者の欠如と、それに伴う無力感であり、秘められた他性であった。そして、この絶対的欠如こそが、「父なるもの」の回帰のために用意されねばならない新たな場となった。そして彼自身が「父なるもの」を殺害し、みずから「父なるもの」となったように、彼自身が「父なるもの」として殺害され、ながい潜伏期間ののちに回帰することを欲望した。フロイトの欲望とは、みずからモーセと同一視することにより、モーセの殺害者となることであった。ユングの離反における彼の不安、失神はまさに打倒された瞬間の「モーセ」の恍惚を象徴的に表すものであった。モーセが彼の民を率いてエジプトを脱出し、精神性の帝国を築いたごとく、彼もヨーロッパ・キリスト教の民をひきいて、精神分析が支配する、もう一つの精神性の帝国を築こうとした。彼はモーセを横暴で短気で暴虐な専制君主として描いたごとく、精神分析の世界において彼はそのように記述された。彼はモーセ以上に「神の名」をかたることの禁止に忠実であろうと欲した。「父なるもの」にまとわりつく二つのパラドックス、つまり「唯一なもの」の他性と、「禁止による純化」において、フロイトの自我は現代的自我の元型となり、現代的な「主体」を構成した。

フロイトが語るように「神の殺害」、「父なるもの」の殺害によって精神性の純化が生じたとすれば、現在、「フロイトの名」こそが殺害されるのを待っていることになる。現在、「フロイトに帰れ」と叫ぶ人たちこそが、その「主体」の責任において、近く起きるであろうフロイト殺害の現場に立会い、その共犯者として名を連ねるはずの者たちなのである。その殺害によって、あまりにも凡庸であった「人間・フロイト」は「父なるもの」の名へと純化される。そのようにして「父なるもの」を語りつぐことが、死をまえにした「人間・フロイト」の欲望であった。

参考文献

（1）S．フロイト：宗教論：幻想の未来．日本教文社、一九七〇年（吉田正己訳）
（2）S．フロイト：人間モーセと一神教．日本教文社、一九七〇年（吉田正己訳）
（3）E．ジョーンズ：フロイトの生涯．紀伊国屋書店、一九六九年（竹友安彦、藤井治彦訳）

JCOPY 88002-172

第六章　「自然なるもの」について

…臨床という名の「心の探求」…

一．はじめに

「少年時代の空を取り戻したい」。何年まえからであろうか。空いた時間にフッと思うようになった。少年の「私」は空を何時間見ていても飽きなかった。空を見れば、そこに何ものをも見ることが出来た。私は最近、思うようになった。私は少年時代に見た空を失っている。

ここ何年か私の心に一つの変化がはっきりと生じてきた。心の相談を長年やっていたためか、組織の中で働きすぎたためか、私の心は何かに枯渇し何かを強く求めていた、足掻いていた。膨大な自然、少年時代に見た、あの大きな空を取り戻したいと本気で思うようになった。そのように感じてから私は、大学の仕事を辞めるまでに数年かかった。旅に出た。そして四国を歩いて回った。たかが二ヶ月弱、四国のお遍路の旅だった。でも、そこで私は少年時代のあの空を又、見ることが出来た。その時のメモを紹介する。

「今日はこの宿を出て次の宿まで歩く。昨日も、今日も、明日も、出発点と到着点のみが定められている。私がやるべきことは、ひたすら歩くことだけ。四国を歩いていると、人生や愛や死について考えると人は言う。私の場合はそれとは一寸、異なっていた。私は歩いている間は『生きる』ことについて深く反芻しなかった。感覚も思考もそのようには作動しなかった。ただ、歩くにつれて感覚が生き生きして深まってくるのを感じた。後輩にそのことを話すと『ランナーズ・ハイ』ですねと簡単に説明されて苦笑した。興味深いことは、その結果である。『私』の中に生じた事態である。『私』の中で感覚が思考をはるかに凌駕するようになったのだ。自然の中では脚が一番大事である。思考は感性に従属した。頭は歩くことに付随する道具としての節度を自ずと守るようになった。

歩いていると、爽やかな風が私の背を押す、頬を撫でる。靴を脱いで足を畦水に漬ける。先を急ぐときは杖だけを水に漬ける。それだけで私の体がヒンヤリと癒される。やさしい日差しに励まされ、皮膚を焼く目照りを畏れる。足のマメ、筋肉の痛み、蓄積する疲労のみが関心事である。ただ、歩くことの充足感だけがある。地・水・火・風・空を感じること以外に私の思考は関心がない。風の如く、水の如く、それが当然のこととなる。既に私は自然の一部である。最早、『なぜ生きるか』、

『なぜ死ぬのか』という思考自体が湧いてこない。
人生が生から死への旅であるとすれば、『私』が出来ることは唯、歩くこと、歩くことは自然と一つになること、そう『私』は感じている。そこに疑いはない、ひたすら歩くことを肯定する。自然の中では生き生きとした肯定感だけがある。そして亡くなった親しい人たちの面影のみが何度となく浮かんでくる……」

専門の議論をエッセィ調で始めたには理由がある。心の相談で私が一番に大事に思っているもの、忘れてはならない基礎的なものを不完全なりに言葉で表現したいからである。

二．臨床の足場

1．「隠れた信仰」

この小論では、臨床の中から理論が生まれる瞬間を描きたい。理論が実践から遊離する瞬間を捉えたいという表現は実は私のものではない。十年程、前であろうか。私は日本精神衛生学会で土居健郎先生と村上陽一郎先生の対話を企画した。その時に村上先生が「臨床において理論が飛翔する瞬間をとらえることが大切だ」という旨の発言をされ、それが強い印象で私の中に残った。この小論はその時のインパクトによって生まれた。

臨床を志す読者の方は自分の専門性、自分が立つ足場は何かと考えてほしい。自分の専門性は何に支えられているかを率直に想って欲しい。二十世紀を支配した価値観、つまり、自我の確立、自立という価値観、人の自我は自らの「生」を支える程に強く正しく在りうるという先入観、それに甘んじてきた私たち現代人には、自我が何に依存して成立するかという問いは最も苦手である。そして内なる依存への洞察が予想外に困難であることに驚かされる。この点では、土居健郎先生のいわゆる「甘え」理論は心の奥深くに秘められた依存を可視的にするに優れていた。土居は臨床家が臨床の悲惨な現実に太刀打ちできるには、心のどこかで臨床を「照らす光」があると信じているからだと表現した。そこに臨床家の「隠れた信仰」がある、と指摘した。「隠れた信仰」とは意識的に学習した技法や理論を超えた、その背後にある基本的な心的態度である。それは理論的に構築されたものではなく、開明という作業によって描きだされるべきものである。

さて、私のような特定の信仰を持たない典型的な現代人は、どのような「隠れた信仰」を持つというのであろう。ニーチェが神の殺害と称した事態は私の中でも起きている。一方、土居先生は敬虔なカトリック信者である。私と土居先生は今も師弟関係にある。私は土居先生に師事して臨床を学ぶためには、信仰と無信仰の区別を超えた水準で先生と交流し思考することが求められた。実は、両者の思考は余り異ならないということに気付くまで随分、時間がかかった。心の臨床を考えるとは、個別的信仰を超えた水準で思考することである。

この小論では如何に心の臨床が大変か、不可能かを語る部分もある。しかし、「難しい」、「大変だ」といって自己満足することが目的ではない。不可能に思える状況、そこに厳然とある「不可能性」を明確に知覚することが大事だと言いたいのだ。不可能性の知覚から、それを糧にして理論が飛躍する。その瞬間を捉えたい。それは人が真に「心の臨床家」になる瞬間である。それを言葉にする試みが、この小論の作業である。心の臨床においては、人間の力では太刀打ちできない悲惨や絶望と出会う。その極限において絶対的な肯定感、全的肯定が求められる。それが無ければ治療者ではない。そのような営みは神ならぬ一人の人間である治療者には不可能である。では、不可能である以上は、心の臨床家は存在する価値はないのか。これは私が心の臨床に入ってから、私の心を占めて消えることのない問いであった。この問いが私の臨床の質を決定したとも言えよう。

基本的なもの、大切なものは、最も言葉にしがたいものである。本質的なものはいつも感性的である。従って、それは教科書類からは除外される。いかに優れた本を読み、理論を学んでも、頭が良くても、「生」の豊穣、不可解への感性、畏れを忘れたとき、その臨床は既に死んでいる。豊かな感性の土壌にこそ、すぐれた理論が育つ。私が最も大切にした感性は懐疑であり、懐疑とは既に存在し他者に気付かれない問いの存在に気付くことであった。

2. 心の技法と作法

読者は自分の拠り所が客観科学か、技法か、指導者か、仲間か、信仰か、お金か等々、基礎的な問いを心において、この小論を読んで欲しい。治療者自身は自覚しなくても、その人が心の奥深くで信じていることこそが、言葉、態度の端々で容易に他者に伝わるものである。その結果、目先の技法よりも深い何かに他者は反応する。見えるものを超えて語り掛けてくるものが最も強く心を動かす。

心の臨床家が個別的な治療技法を学ぶのは当然であるが、その過程で真に学ぶことが出来るのは目先の技法、口先の技法ではない。それを越えたものである。基本的な構えである。すぐれた臨床指導者とその技法は分離不可能である。先達の言葉やコツや技法を安易に模倣は出来ない。学習が模倣であるとするならば、模倣するのは優れた先達の心の姿である。最も深い心の在り方こそが唯一、学ぶ価値のあるものであり、学びうるものである。表層にある技法のみを学べると思うのは勘違いである。この最も深い心の構えは感じることだけで自ずと自分のものになる。良い師を選ぶことが大切だとは、このことである。私はこの点で実に恵まれてきた。

つまり、心の臨床は誤魔化しが効かない。この意味では、個別的な治療技法論を超えたもの、心の奥底にある無意識的態度こそが心の相談の質を決定する。それは技法というよりも、治療者の心の持ち方、素養、態度であり、世界と生に対する「構え」であり、人間存在の形である。その営み

JCOPY 88002-172

は「作法」と言った方が分かり易いであろうか。人格者ではない凡庸の私は心の治療者には適さないと思っていた。実は、そう思っている間は気が楽であった。この道から身を引けば全ては解決するからである。しかし、私はその道を選ばなかった。不可能の中に居つづけた。

三．心の探究

1．不可能なもの

ここで私の初心者体験を紹介する。ちょうど臨床に入って五年目ぐらいのことである。一人の中年の主婦が来談した。ユウウツ、無気力など典型的な抑うつ症状を訴えた。薬物や生活管理によって抑うつ状態は改善した。『症状が良くなったのですから治療を終わりにしましょうか』と私が言う。でも患者は納得しない。まだ、「治っていない」という。

生き方の相談を求められていると私が気付くまで時間は掛からなかった。たかが三十歳そこそこの青臭い独身の青年医師である私が、この婦人に、どう対応せよというのか。精神医学にも心理学にも「生き方」の理論は実はない。「生き方」については、心の臨床家も実は素人なのだ。少なくとも私は素人臭く生きている。「人生」の専門家になること、それは幾ら学んでも、幾ら相談に乗っても、私が人である限り、それは今でも「不可能」なのだ。最近、若い患者さんに「人生の達人」と言われたりする。ドキッとする。それは老醜を密かに指摘されたと恥じ入るだけなのだ。そのような私であるから、どこかで教わったとおり、自動的に、「あなたはどうしたいのですか」と訊いて誤魔化す気にはならない。手先の技法は問題の本質を見えなくする。そこで私は正直に答えた。

「私は精神医学と科学しか学んでいない人間だから、人生相談にのる専門知識も経験もない。どのように生きたらよいのかアドバイスできる人間ではないし、その資格もない。宗教家やその専門の先生などに相談する方が妥当ではないか」

今から思えば、如何にも味気なく唐突な言い逃れである。さて、この説明に患者はどのように反応したか。患者は更にきちんと外来に来るようになった。いざ、そうなると、治療を断われば自分の責任が減って楽になるという私の身勝手な計算だけが見え見えとなった。その目論見は破綻した。むしろ、私が相談相手として不適切だと言っているのに、何故、その患者は来るのか、という新しい問いが生まれてしまった。

「私には分からない」と彼女に正直に言ったこと自体が、実は、彼女には大事な答えらしい。彼女が求めていた通俗的な人生相談とは、別の水準の何かが彼女に通じたらしかった。彼女は実は心の病気においても、心の在り方こそが本当の問題だと感じていた。しかも、「生きる」ことは誰に相談しても実は解決できないことも、心の何処かで分かっていた。この点で、「人生相談は出来ない」と言った私の荒削りな言葉に共感したのだった。一般論としても、「私には解決できない問題だ」と正直に返されて安堵感を得る患者は意外に多い。「先生でも分からないことなのですね」と安心する

JCOPY 88002-172

のである。悩みから這い出せない自分を許せるのである。従って、「私には解決法は思い当たらないが二人で考えていくことならできます」と応えることが多い。他の相談者も同じではないか。しかし、当時の私には「分からない」と口にすることが最も勇気がいることだった。

人は不思議な生き物である。治療終了にしても納得しなければ、直ぐに、再発して戻ってくる。言葉で言えないことは体の言葉で語る。予想外のところで信頼されて、私は流石に、この患者を断ることは出来なくなった。信頼関係は意外なところ意図しない所から生まれる。症状消去に向けて治療は始まるのだが、その時、実は人生という日常的なものに一歩、足を踏み込んでしまう。この点で心の専門家は「生」の相談から自由になれない。つまり、心の相談とは「不可能」を扱う仕事なのである。

2.「見る」こと

精神科医になったころ先輩に言われた言葉である。「はじめの五年は臨床は面白い。しかし、それからが本当に難しい。そのうち、君も分かるよ」。その時は変なことをいう、お節介な先輩だと思った。しかし、すぐに甘いのは私であると思い知らされた。確かに、臨床家を五年も経験すると臨床実務はできるようになる。大抵のケースは良くなって感謝の言葉で去っていく。臨床の場が見える。理屈も言える。しかし、この自信を足元から揺るがすような衝撃を体験するのは、その時である。

私はこれを「五年目の自信喪失」と呼ぶ。読者のために、結論めいたことを先に言っておこう。私と同じような自信喪失を体験したら、ガッカリすることはない。それは自信喪失という言葉に反して、実は、お赤飯を炊いてお祝いすべき有難い変化なのである。その時こそ専門家のプライドをかけて、冷静に自己分析したらよい。人の心の中には如何に捉えがたい膨大な無限空間、膨大な自然があるかを実感するであろう。

初心者は、心の不可解なら既に知っていると言うであろう。それとは異なるのだ。今、見えてくるのは、来談者という他者の心にある不可解性なのである。治療者である自分が来談者の心にも底なしの無限空間があることに気付くのである。自分は分かっていると思った、その思考の軽率さ、感性の浅さに初めて気づき呆然とするのである。他者との出会いに触発されるのである。ようやく本物の専門家への一歩を歩き出したのである。他者の心の深みに触れて心の臨床家らしさが芽生えてきたのである。その驚きの本体は、治療者の中に新しい知覚が生まれ、新しい自分が生まれ、新しいものが見え始めたことに、自我が示す驚愕反応なのである。

五年目の自信喪失において見えてくるもの、それは何か。自分の前にいる人間が単なる症状の複合体ではなく、「生きた人間」であり、生きる意味を探っており、それが見いだせなくて「死にたい」といい、「生きるのが苦しい」という。そこに「生」の不可解が見えてきたのである。来談者たちは深く自己の心を探究して止まない。治療者が自ら深く問い掛けたことがない領域まで問い掛けて止まない「心の探究者」としての他者が見えてくる。その眼差しに照らされて治療者の未熟さが赤裸々に炙り出される。治療者が自己の未熟を「見る」ことが出来るのは、来談者という他者によってである。治療者とは自己完結しえない職業である。

来談者という他者の登場、それに誘発された治療者の自我、総ての臨床家が体験する臨床家への一歩である。要するに初めは、人が見えていない。それ以上に問題なのは如何に人が見えていないかを自覚する術を持たないことである。「見る」こと、「見る」ことを学ぶこと、それこそが心の世界では最も難しい。他者の心の痛みに対して本能的に目を逸らす。その事実に気づかない、思考のメカニズムはそのように合目的的に構造化されているらしい。

3．「いかさまし」意識

心の病は一般人の思い込みよりも遥かに改善する。臨床で働き始めたころ、まだ五年目の自信喪失を体験する以前、私が見る患者は皆、良くなって去っていくように思えた時期があった。しかし、五年たって、気をつけてみると過半数の患者が繰り返して病院に来ていることに気付き始めた。改善しても繰り返して私のところに戻ってくる患者たち、彼らは何を求めているのか。このころから一人の患者を見るたびに、その重さが私の肩に乗るように感じ始めた。私の肩の上に十人、百人、千人、今まで出会った人の数だけ小さな鉛の塊が乗るのだった。

治りきらないだけなら、未だ、ましであった。その中には忘れられない出来事がいくつも在った。「先生には今まで迷惑ばかり掛けてきた、本当は感謝しているのです」、そう晴れやかに語って、その直後に自殺した青年がいた。遠方から電話をして、「すぐ助けてください。そうでないと私は死にます。私は先生を恨みます」、そういって逝った人もいた。「先生は残酷です」といって逝った人もいた。「なぜ、あの時、先生は私を助けた」と訴えた人もいた。経験を積んだ臨床家ならば誰もが思い当たるはずである。

「専門家として人と出会う」ということが私には重い。先に述べたように、私が頼るべきものが見えなかった。しかし、精神科医でいるかぎり逃げることも出来ない。こうして心の相談を私は「不可能な仕事」と名づけた。しかし、現実とは皮肉なものである。私は相談に乗れる人間ではないと自覚する程、実際には、患者は私のところに何かを求めて来る。私はそのように感じていた。

私が関わることによって事態が変わるかも知れない。秘かな望みだけを抱く。しかし、それは更なる苦しみを、新しい恨みを生むことかも知れない。それでも私は彼らに関わるのは何故か。残念ながら、お金のためでは説明できなかった。医師には他の診療科で生きていく道はいくらでもあるからだ。それでも何故、私は心の臨床に留まるのか、臨床にその価値はあるのか、その疑念は私から離れなかった。今も臨床が重いと思うのは、このような理由による。むしろ、他の臨床家はこの状況を淡々と過ごすことが何故できるのか。私はそのような同業者たちに心からの敬意を抱く。情報の時代だからこそ、本当の名医は匿名的であると今の私は思う。

要するに、理性的に考えれば、心の専門家は自分には出来ないことを引き受けることを仕事とする。不可能な仕事、心の臨床とは私にとって不可能な仕事でありつづけた。出来ないことを出来るように振舞いお金を取るのが「いかさま」師である。そう感じては何度も心の臨床家を辞めようと考えた。これが「五年目のスランプ」の実像であった。今から振り返れば、私の頭脳が思考する以上に臨床の出会いは謎に満ちていた。不可能性の認識は、そこに「人」が見えた、人の中に在る謎、不可解、無限、「空（クウ）」が見えたということであった。自信喪失において、私は初めて「見た」のだった。それが「いかさま」師意識の正体だった。

4. 内なる自然

「人」が見えたと漠然と言って満足していては進歩がない。何が如何に見えたのかを、もう少し考えてみよう。心の技法は何ものかを見る技法である。しかし、技法は何ものかを見ることによって、他の何かを見えなくする。私はかつて、人の心にとって確かのものは何でも学ぼうと考えた。専門家として色々な技法を身につけた。そのうちの一つが催眠療法であった。なぜ、そこに行き着いたか、何処で研修を受けたかは長い経過があるので省略する。幸いなことに大学ではなくて、一番、臨床能力が高いとされる開業医の先生に師事することが出来た。そして私の働く都立病院の精神科外来に絨毯やカーテン等を取り付け正式な催眠療法のセッションを開いた。まだ、三十歳、そこそこのことである。

頑固な抑うつ状態を示す中年の主婦である。深いトランス状態でイメージ想起を行った。リラックス法が主なので、通常ならば快い弛緩によってセッションは終わるはずであった。しかし、その時、彼女の心に浮かんできたのは、あたり一面のコスモスの花であった。それと共に、一筋の涙が流れた。訊ねると、亡くなった夫と子供とで行った家族旅行のコスモス園であった。幸せだった光景が生き生きと再現された。続いて、微かな嗚咽が起きた。セッションを早々に中断した。面接では夫の死を過ぎた過去のこととして淡々と語っていた彼女であった。しかし、催眠下で痛々しい喪失体験を表現されると、それを受け止め癒す能力がない自分だけが見えた。私が受け止めることのできない技法を用いるべきではない。私は折角、創った催眠の施設を閉じた。

心の業界には何々療法というものが無数にある。しかし、個別の技法は、それを超えた「生」の問題への入り口に過ぎない。技法がシャープなほど「生」の問題が赤裸々に語られる。先のご婦人はこのセッションの後、催眠から離れて面談において愛する人との別離について話し合った。別離は治療者、否、人の力ではいかんともしがたいこと、彼女が痛みから容易に立ち直れないのは人として当然だと思うことなどを話し合った。私は治療を心がけたというよりも、正直に話し合う必要を感じただけだった。それだけで不思議なことに、彼女の語りは変化した。頑固な抑うつ的訴えは既に消えた。今から思えば、実に、たどたどしい面接だったと思う。今ならば余計な話をせずに、回復するまで何年間か季節の話題、健康のこと、日常的なことを淡々と話し合うであろう。

私は心の相談という不可能な仕事を選んだ。しかし、不可能な課題が不可避なものとして見えたとき、そして、不可能を見ることを覚悟したとき治療上の転機が来る。何というパラドックスであったか。そのとき治療者に大事なことは、技法の選択よりも、苦労して身に着けた技法を超えた視点から不可能を見据える勇気であった。治療者の中で何らかの飛躍が生じる。それをせずに手先の技法で誤魔化して本当の問題から目を逸らす。自分が他者を癒す力を持たないことを恐れる。その必要は無かった。癒しは人の心の奥深いところから自ずと生じてくる。従って、治療者は「癒されたのは私であった」と感じる。そのような不思議な体験を私は何度となく経験した。

真実は技法の彼方、私の頭脳の及ぶ彼方、人為には及ばぬ不可能な場所にあった。不可能なもの、それは心の深部であった。他者の心の奥深いところに不可能を可能にする何かがある。生きた心の深部、そこには膨大な未知なる「自然」がある。未知があり、不可能があり、そこにしか癒しの力はない。技法は心の深部を可視的にするツールでしかない。心とは膨大な「内なる自然」だった。この小論の初めにエッセイを示したのは「自然」という言葉を生々しく感じて欲しかったからである。

四．内なる自然

心の相談は「生」の問題を扱う。今ならば、読者も同意するであろう。生とは人生であり、生活であり、生命である。それらを総称して「生」という。「生」という言葉から「自然」という言葉は近い。村上陽一郎は「外にある自然」に対して、心を「内なる自然」と呼んだ。「内なる自然」は外界に広がる膨大な自然である「外なる自然」と一対である。その両者はその区別を超えて一つの自然を構成する。「内なる自然」という言葉は村上の他にも多くの先達が使っていると思う。内なる自然を生とか生命と関連して捉える見方も決して珍しくはない。

そこで、当然、「自然とは何か」と問うことになる。自然とは英語ではnatureである。日常的に自然というと森や山や海、花や鳥などを指す。自然志向といえば、山や海で遊び自然食を食べるような生活を言う。もう読者は理解されていると思うが、ここでいう自然とは、それとは異なる。勿論、空も海も自然の大きな要素である。しかし、都会の近代的な高層ビルも、ビルの壁に生きる苔も、工場街で排出される茶褐色の廃液も、自然破壊ですらも、自然の一部である。私たちが見て感じることの出来るものは総てが自然である。一方、humane natureといえば「内なる自然」、人間の心の形のようなものを指す。

村上は自然を「自ずから然り」と読み、それは神と同義であるとすら述べている。モーセが神から十戒を授かったとき、彼は神に「おまえは誰だ」と問い掛けた。「在りて在るもの」という答えが返ってくる。自然とは既に与えられている既与であり、そのように存在するものである。思考以前に存在するもの、自ずと存在する摂理、哲学や思考の歴史において、自然と神と存在という言葉は常に同義であった。しかし、信仰に生きることを知らない現代人、私のような人間が多数派になった今、自然という言葉の意味も失われつつある。

冒頭で四国を歩くことは、地・水・火・風・空を感じることだと記述した。空海は地・水・火・風・空を総合して五大と呼んだ。五大とは自然の要素である。各要素は自然の摂理、存在の本質を指す。外的自然の体験と同時に心の自然の特性をも表わす。内的自然と外的自然は生きた体験においては一である。四国の膨大な空と海を歩いていると、心の中の自然が覚醒される。空海という名は如何にも四国の自然に相応しい。実は、冒頭にランナーズ・ハイと呼んだ後輩の心に私は自然の忘却を見たのだった。それは東京という大都会に住む私の姿でもあった。

神についての議論が後退した現代は、「自然とは何か」という問いも忘れ去られる。そして客観科学としての自然科学が心の科学と同一視され、懐疑を呈するものがいない。不満を言うものしかいない。少年時代の私にとって、自然科学とは、もっと夢に満ちたものだった。私はあの頃の生き生きした「自然」を取り戻したいのだ。

以上。この小論では心を「内なる自然」と捉えた。生きた体験の上に心の科学を構築する。生きた心の体験を「見て」、記述し、そこに新しいものが芽生える瞬間を描く。それが、この小論で言う「心の科学」である。心の臨床における「生」の問題を「内なる自然」という言葉で書いた。私の歩んできた道を振り返りながら、これを書いた。この考察は今後、如何に展開するか自分でも予想がつかない。過去を振り返ることは未来を思うことでもある。そのように今後の予告をしたところで、この章を終わりとする。

そして最後の章では、「終わる」ことそのものについて考えて、この本の終わりとする。

第七章　「終わること」について
…空海における自然論…

一．はじめに

心の臨床は人の「生」との関わりにある。人は心の苦痛が終わることを求めて心の治療に訪れる。絶え間ない死への衝動、停止した時間の空虚、思考の自由を奪う単調な頭痛。どの一つを採っても私たち平凡な治療者は、その苦痛が如何に消失するのかについて明確な見透しを持たない。まして、苦痛を解決する定石などは治療者に与えられてはいない。

苦痛の除去。そもそも生きる苦痛が終わることなどは不可能だ、と人は思う。従って、私は心の臨床を「不可能な」仕事と名付けた。私が「不可能」というとき、先ずは、人生にまといつく苦痛が終わることは不可能だという平凡な意味である。

しかし、実は、そこに、もう一つ重要な意味が隠されている。それは人が不可能に感じているときにこそ、不可能なことが実際に奇跡的に起こるという臨床的事実である。

治療の中で苦痛が終わるとき、実際には、何が起きているのだろうか。

「病気になったころの私は体が力んでいるだけで、実際には背を丸めていた。今の私は体から力が抜けていて、背筋は伸びている」

或る中年の男性が頑固な「うつ」病の苦痛から抜け出した時に過去を思い出だして爽やかに語った言葉である。

苦痛の終わるときに実は死の衝動も、無意味も、頭痛も消失しているとは限らない。症状が消えることは必ずしも苦痛からの解放と同じではない。苦痛からの解放は症状の除去とは、幾分、異なった水準で生じる。むしろ、苦痛を乗り切った者の表情は澄んで爽やかである。心が解放された如くである。そして口々に言う。「今までの私は何と詰まらないことにこだわっていたか。なんと詰まらない人間であったか」と。明らかに、彼等の中で何かが終わり、新しい何かが生まれたのである。自己の内で根底的な変化が起きたのである。彼らは、この変化を誇らしげに語ることはない。過去の自己を恥じるように、それまでの自己に決別するようにポツリと語るだけである。心の臨床では、このような現象に何度となく出会う。

そして治療者は、只、貴重な瞬間に立ち会えたことに感謝することになる。

本人はおろか治療者すら、明確に語れないような基本的な治癒過程が進行する。個別的な自己の知恵が尽くされ、全ての努力が無に帰したとき、人知の限界、人知の無力が露呈されたとき、それを待つかのように個別的自己の背後から力強く響きわたってくる自然的な力、回復力がある。巧まずに、自ずと生じてくる自然的変化がある。実に不可思議な力である。如何に優れた治療者であっても、その人が超越的な力を持たない限りは、人の知恵で自然的回復力を意図的に作動させることは出来ない。その時が熟するのを治療者は息を潜めて待つことしか出来ない。治療者の大事な仕事はそれが生起したときに、奇跡が起きたと気付くことである。

しかし、すぐれた治療者といえども、自然的治癒力に気付き、その現象を緻密に記述しえた者は数少ない。森田療法を確立した森田正馬はその稀有な例であったろう。そんな訳で、彼の「とらわれ」と「あるがまま」の現象記述は多くの点で、ここで取り上げるテーマを先取りしたものである。

人の心の奥深く秘められている「終わる」ことへの知られざる知恵、自然の知恵。今、ここで「終わり」について考えている「私」自身、この個別的自我も何時の日か着実に終わる。そのことを

「私」は心の何処かで知っている。「終わる」こと、それに伴う喪失感。「生」はその構造上、最も大切なものの喪失の上に築かれる。この意味では生は基本的に抑うつ的である。そして、その基本的喪失感の彼方から、より深い知恵が発現する。新しい何かが始まる、その不可解な過程、そこにある自然現象を言葉に収めることが、ここでの課題である。

読者は幾分か私の関心を理解してくれたであろうか。私は「終わる」ことについて考えている。「終わることによって新しく始まる」ことについて考えている。それは心の臨床における治癒過程の最も本質的な考察となるであろう。

最近、私は空海の「吽字義」を読んだ。彼の著作が、このテーマを考える勇気を与えてくれた。ここでは、私なりに彼の思考を整理し自由な思考を楽しむことにする。

二．「吽字義」と「終わる」こと

1．阿吽（アウン）の呼吸

「吽字義」といっても馴染みのない読者がいると思う。先ずは、これを説明しよう。なお、私は当然、空海研究については特別の教育をうけた専門家ではない。読者の方は初めから、私のこの限界を御了承いただきたい。

空海は七七四年に生まれ八三五年に没した。代表する三部作が「即身成仏義」、「声字実相義」、「吽字義」である。第一の書では人は誰もが、この身このままで仏であるという絶対肯定の思想を提示した。第二の書では、この世の森羅万象が仏の声であり、人はそれを自然の「響き」として感じ取ることを示した。そして彼の思考の総集編とされる書物がこの「吽字義」である。

この本は題名どおりに「吽（ウン）」の字の意味を問うものである。「吽」の字が「終わる」ことと、どのように関係しているのか。先ずは、この点を私の知る範囲で説明させていただく。一般に、「阿吽（アウン）の呼吸」という言葉がある。これは、お互いの絶妙な呼吸があって物事が旨くいくことを意味する。大きなお寺の門には仁王様がいる。大きく口を開いて、これから声を発する阿像と、これを受けて声を発し終えて口を一文字に結んだ吽像である。まさに阿吽の呼吸で聖地を護っている。

真言宗豊山派ホームページには面白い説明がなされている。つまり、阿と吽の文字は、インドの古語のサンスクリット語からきており、「ア」は最初の字、「ン」は最後の字である。日本語のもとになっているいろは歌や五十音は空海が作ったと伝えられており、特に五十音はサンスクリット語をもとにしているので、ア字が最初でン字が最後になっているという（加藤精一：「弘法大師の主張」）。

2. 古代インド文字である吽字

空海の書物は今のジャンルで言えば一種の哲学書である。空海が取り上げたのは悉曇（しったん）文字の「吽」の字である（**図1**）。その字の形（字相）を分析し、その意味（字義）を明らかにしたのが「吽字義」である。なお、ここで示した文字は正確を期して児玉の書物から引用させていただいた。詳細は是非、同書で確認されたい。

悉曇文字の解説についても児玉の書に詳しい。それは古代インド文字の一つ、サンスクリットの一種である。読者の馴染みのある例としては、墓地にある卒塔婆に書かれた文字が悉曇文字である。興味深いことに、それは空海によって日本に移され、長い時間を生き延びて現在に至った。実に日本だけに奇跡的に生き残り、かつ、今も使われている。従って、それは仏の文字、つまり、聖なる文字と言われても驚くことはない。

悉曇文字の解釈学こそが、空海にとっては重要な研究方法論であった。そして、その方法とは先ずは文字の形、つまり、字相を分析し、次いで、文字の意味、字義へと肉薄するという二段階の手続きをとるのが常だった。

このような理由から、私は「吽字義」をヒントとして臨床における「終わる」ことについて考えることにしたのである。

三．「吽」字の解釈

1．吽字の字相と表層的意味

空海によれば、「吽」の字相は四つの部分に分かれる。阿（ア）、訶（カ）、汗（ウー）、麼（マ）である。先ずは、その四つについて、空海はそれぞれに分けて説明する。以下には、主に那須らの解説に従い、空海の語りに耳を傾けたい。

イ．訶字の字相と表層的意味

訶字は**図1**の吽字の上下の中央部分にある。それは「因」を表す。私たちは自由意志によって、自由選択のままに生きているものと考えているが、それは主観的に自分勝手にそう思いこんでいるにすぎない。しかし実際には皆、因果によって動かされている。一般的な仏教の立場では、このような視点に立つ。そこで、「一切万物は皆因果に依って生ずる」という因果観を訶字によってシンボリックに表すのである、しかし、このような因果観に基本的な疑義を投げかけるのが空海であった。

図1．

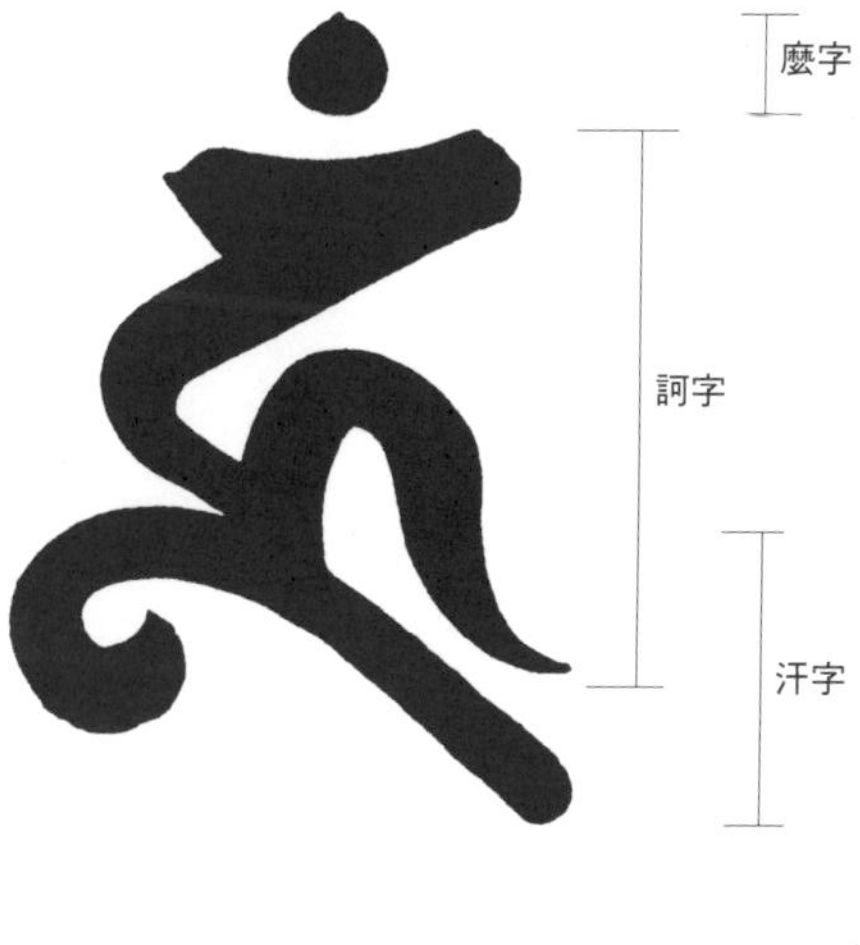

（児玉義隆：梵字でみる密教、大法輪閣、二〇〇二より引用）

心の臨床を訪れる人が苦悩の原因として、愛する人の死、仕事上の不遇、家庭の問題を訴える。それらは事実、苦痛の契機となった体験である。しかし、その原因が同定されたとして、次に、何が可能になるのだろうか。原因は更にその次なる原因を求めさせ、無限の原因究明へと、限りない犯人探しの無限連鎖へと人を導く。空海は因果連鎖の無限性を正面から見据えることで、この状況を超えようとする。

私個人としては、因果観という言葉で近代自然科学における因果論を連想する。因果関係を追及し遂には原因となる要因を同定する。そして、その要因に人為的な操作を加えて結果を左右する。この点では自然科学は多くの成果を生み出して来た。フロイトの精神分析、その他の心理学においても関連性の分析は重要なテーマであった。しかし、因果関係を追及すれば究極的に自然の神秘に達し、心や生命を支配できると人が考えるとき、人は因果連鎖の無限性を忘れ、因果の無限連鎖に呑み込まれる。そこに科学万能論、科学信仰が生まれる。実際には、人間による認識は常に個別的なのである。優れた科学者、理論物理学者は何時も因果の無限性を超えた何処かに飛躍して自由に思考する。因果の無限性を如何に超えられるか、空海の挑戦はきわめて刺激的である。

ロ．汗字の字相と表層的意味

汗字は吽字の下にある横長の部分である。それは「損減、欠けている、足りない」を表す。損減とは順調にあらざる状態であり、無常・苦・空などである。

JCOPY 88002-172

確かなものを失う。空虚感、無常感のみが残される。生きることすら意味を感じられない。そのように訴える来談者は少なくない。生きることにまとわる基本的な損失・欠損を体験しているのである。現実に人はその限界状況から如何に飛翔するのか。空海の関心はそこにあった。

ここでも私の個人的な連想を述べよう。現代人に最もなじみの深い損滅論は十三世紀、英国におけるベンサムとミルに始まった功利主義思想である。功利主義の影響は甚大であって、医療においても、治療方針をメリットとデメリットの分析から捉えようとする。しかし、人は何かの意味で功利主義を超えた存在である。そう考えたカントは功利主義的倫理学の背後に義務論的倫理学を置いた。ここでも「人」への問の不可解から人は自由にはなれない。人は損得だけでは生きられない。「隠れたもの」への感性を人は捨て去ることは出来ない。

ハ・麼字の字相と表層的意味

麼字は吽字の上に打たれた点である。それは「我」を意味する。我には二つある。人我と法我である。人我とは今でいう「自我」のことである。人身が無常的存在なることを知らないで、実在するものと思い、常に固定した自我があると「とらわれる」ことを言う。これに対して法我とは、一切の物心に固定した体用があると考えて、固執することを言う。

私はもっと有能に仕事を出来たはずだ。学業も対人関係も巧みであった。今、そのような能力ある私は失われた。私は、このまま終わるのか。このような自我への固着は臨床では頻繁に見られる。

空海は自我固着の彼方に始まる世界を求めたのである。

ここでは先の章で指摘した点を繰り返す。米国のベラーらによって「自立した自我」とは、実は「孤立した自我」に他ならないことが明らかにされた。「自我の自立」に過剰な期待を寄せ、心理学は操作主義へと変質した。そこに自我信仰と理性第一主義という時代精神の支配を読みとることができた。このような指摘をした後に土居は、ふたたび人間存在の無力へと注意を促した。この時、土居の武器となったのが、「甘え」という日常語の使用であった。彼は他者と結合する力、つまり「甘え」の欲求に注目した。このことによって、彼は他者を喪失した現代的自我の孤独と無力を語ることが出来た。

因果関係、功利主義、自我の確立。何れも現代に強く生きる発想法である。しかも、現代人の思考はここで躓く。空海はこのような問題点を見事に指摘する。さて、空海はこの状況を如何に突破するのだろうか。読者の方はこのような関心を持って先に進んでいただきたい。先取りして、答えを言えば、空海の思想の鍵は「阿」の字にある。

2. 背後に隠されて遍在する「阿」字

次に図2に「阿」の字を示す。さて、「阿」の字は「吽」の文字の何処にあるのか。一見して、見当たらないではないか。所が、これにはテレビのクイズ番組のような答えがある。悉曇学では、全ての文字は発声においても、書字においても阿の字を含むとするのである。

発声について説明する。例えば、「訶字の中に阿の声あり」という。先ずは読者も、訶（カ）と発音していただきたい。このときに二つのア声があることに気付くであろう。一つは語尾に響くアである。このアではなくて、カなる音声を発するときに先ずは喉内で生ずるア声がある。英語の無声音を連想して欲しい。これが全ての声の母体となるアである。これを「一切声の体」としての阿という。

書字について説明する。悉曇文字を書く場合には、最初に筆を下ろした点を阿点という。つまり、阿点を打ってから文字を書くのが習わしである。つまり、阿は「一切字の母」なのである。

要するに、阿字は一切の声と字の母である。こうして因果、損減、自我をあらわす訶・汗・麼の三文字の背後に、その基盤として阿の字が伏せられて在ることになる。そして、ここが重要なのであるが、阿の字こそが三文字に、新しい真実の意味を付加すると、空海は考えたのである。

図2.

（児玉義隆：梵字でみる密教、大法輪閣、二〇〇二より引用）

3. 阿字の字義：自然なるもの

空海の思想の中核には「阿」の字がある。これを聞いて当然と思う方は既に空海の書に通じている。私の説明は釈迦に説法であろう。しかし、初めて聞く方のために一応、僭越ながら私の理解するところを説明させていただく。

人の目の前で展開される大自然。一般の人は、それら現実の現われを、あたかも実在の如くに誤って思う。しかし、全ての現実には永遠的な実在性があるのではない。それは暫有的存在である。現実は見る立場によって、確かな存在としての「有」ともなり、仮象としての「空」ともなる。しかし、現実は有でもなく、空でもないから、敢えて言うなら「仮有（けう）」である。現実とは非有・非空の世界であって、ただ生み出され展開し流動するものである。つまり、現実とは非有非空の中間でもある。

しかも、この空・有・中なる三つの現実こそが、そのままの姿で常に確かに持続している。その現実は永劫に変わることはない。このように言うのは、現実は初めから、そのような姿で自ずと存在しているのであって、何か絶対的存在が生み出したのではないという意味である。この意味で、現実は根源的な第一原因から生ずるのではないので、「本より生ぜず」である。そう考えて現実の特性を空海は「本不生」と呼んだ。そして「阿」の字こそが本不生を表すと考えたのである。空海においては、「阿」の字は即身、六大、大日如来というキーワードのシンボルとなった。阿字は現実、つまり、大自然そのものであった。

私自身は阿の字を感覚的に理解するのに、現代語の「自然nature」という言葉に置換えて考えることが多い。仏教書にそのように用いられていることが多いのが一つの理由である。しかし、それに加えて、村上陽一郎によれば自然とは「自ずから然り」の意味でもある。つまり、それ自体で存在するもの、存在そのものであり、そして興味深いことは、この点では西洋的神概念とも同義とされるのでる。

空海が吽字の意味、本不生、ないしは「自然」を形容し語る言葉は美しいので紹介する。

「同一にして多如なり、他の故に如如なり、理理無数、智智無辺なり」、

「他にして不異なり、不異にして多なり、故に一如と名づく、一は一に非ずして一なり、無数を一と為す」

自然は無限の変化を秘め、無限の知恵を秘めている。それ故に人智で捉えつくすことは出来ない。限られた人間から見ればカオスにしかみえない。しかし、そのカオスにこそ人智を超えた真実がある。空海が形容する自然の世界は、フロイトが「無意識」の世界について行ったものを連想させる。空海もフロイトも非合理で無限の深みを持ち、人の理性を遥かに超えた世界を強く意識したのである。但し、空海の語りは無限大の自然に視野を向けるだけに遥かに雄大で居心地が良い。この点で

自然的治癒概念にも馴染みやすいのである。

空海はこの阿の字が吽の字の背後、その隅々にまで存在し、吽字の見かけの意味、つまり、表層的意味に新しい深い意味を付加すると考えた。つまり、訶・汗・麼の三文字の背景に阿字本不生を見ることによって、吽字の実義（本当の意味）へと迫るのである。

四．吽字の実義

1．訶・汗・麼それぞれの実義

イ．訶字の実義

結論を先に言おう。訶字の意味を「阿字の本不生」の立場から再解釈すると、「訶字因不可得」となる。

人は因果をたどる。生きる苦痛の真の原因を探り、それを取り除こうとする。治療者も同じである。その結果、苦痛にとらわれていく。因果にとらわれるからいけないのだと空海は言う。元々、一切万物は流転するのである。原因から結果、結果がまた原因となって結果を生ずるだけである。宇宙大自然は生成流転して止まない。それ故に、宇宙のそもそもの始まりを捕らえるのは不可能である。世界には第一の原因はなく始原もない。本来、始まりはない。既に世界は世界であったのである。それが阿字本不生の意味である。

こうして、阿字本不生が与えられれば、因果関係を幾ら追究しても真の原因は突き止められないことになる。本当の原因などはないからである。こうして訶字の本当の意味は、真の原因が得られないこと、つまり「因不可得」となる。この原理を知らずに、人は無限の原因探し、犯人探しに陥っていく。その結果、自ら苦痛を生み出していく。しかし、或る時、人は「なんて詰まらないことにこだわっていたのか」と気付く。苦痛の原因探しから自由になったとき、人は例の爽やかな表情を身に付ける。

般若心経には「無老死亦無老死尽　無苦集滅道」の一節がある。元々、生も死もない。それ故に生きる苦痛などは初めから存在しなかった。従って、苦痛を除去する方法などは有り得なかったのだ、と言うのである。

「苦しみの種を自分で作っていました」。興味深い論理構成である。これは私のような凡人には至りがたい心境である。しかし、そのような「開け」を体験した人が臨床には沢山いるのだと私は思う。彼ら自身はそれが悟りに近似したものだとは少しも思わないらしいが、彼らに接すると私の方が癒されたと感じるのである。

ロ．汗字の実義

汗字の字義を阿字本不生の立場から見直すと、汗字損減不可得となる。

生きる苦痛の中で人は何ものかが滅び、何ものかが汚れ、何ものかが減退したと訴える。現実に取り返しの付かない損減を感じ取っているのである。これを阿字本不生の立場に引き直して見ると、損減が損減不可得になる。損も得も人の感じ方にすぎない。自然はそれを超えた存在である。世界は本来、流転し生成するだけである。そこでは損得などは本来、存在しない。

般若心経の一節、「不生不滅不垢不浄不増不減」の世界である。損減にみえるものも宇宙大自然の根本原理の活動の一つに他ならないということである。

ハ．麼字の実義

阿字本不生を置くことによって、麼字の実義は吾我不可得となる。

麼字とは自我のことである。普通には自我を実在と認め、その自我に執着して、眼前の現象に執らわれることによって妄念が生じる。しかし、自我の実態は、もともと自然の構成要素（六大）によって存在を得ているだけであって、その要素の離合集散が行われているにすぎない。自我と言っても、それは他に対立する自己ではなく、自他を一如に生きている自然の生そのものである。生そのものを客体視したり、相対化したりするのは真実から遊離することである。それは生の足跡を追うものであり、生の脱殻に執らわれることである。

空海は自我を仮相とし、それへの「とらわれ」を指摘し、自我改変の企てを無効とする。個別的な自我の企てを大きく超えたところに、自然の響きが聞こえてくる。そこに「新しい自我」の行動規範が与えられる。

2.「吽」字の実義

ここまで紹介したように、吽字は阿・訶・汙・麼の四字が合体して出来ている。空海はこれまで四字を分離して、緻密に各々の真の意味を論じてきた。そして最後に空海は、四字を合体した「吽」字そのものの解釈に挑む。これが彼の著作の中核部分である。但し、この部分は実際に修行を積んだ僧侶でないと理解できない部分がある。例によって私としては、部外者として型どおりの説明をしてから、むしろ、臨床の問題に立ち返ろうと思う。そちらの方が私の本来の仕事だからである。

吽字義に従って、これまで述べたことを整理すれば、吽字は次のように理教行果の四法、つまり、一切の法を尽くしていることになる。つまり、阿字は本不生を表す。訶字は因を表し、意味は因不可得である。汙字は行を表し、意味は法損減不可得である。麼字は果を表し、意味は吾我不可得である。これを併せて要約すれば、「菩提心を因とし、大悲を根とし、方便を究竟となす」という一節となる。此処に空海は密教の根本聖典なる「大日経」と「金剛頂経」の教理を見出す。僧侶でないと分からないと先に述べたのは、この部分である。しかし、一応、文献的な紹介を試みる。

この一節は、木が初め種子より発芽して、生長して茎葉繁茂し、やがて開花結実するごとく、菩提成就の過程を比喩したものである。「菩提心を因として」とは、初め菩提を求めんとする心を発することによって全ては始まるということである。つまり、発菩提心、乃至は発心である。菩提心には二つの意味がある。本来、心の中にある菩提心（仏性）が触発して、その結果、心に菩提心が起きると感じ行動へと至る。訶の字は一般的な因果を表すのではなくて、このような行動の契機、因を示すのだと空海は言う。

ついて、「大悲を根とし」とは、発心すれば当然に一切衆生と共に無常菩薩を成せんがために、大悲心を持って修行に専念する。これが大悲の修行であり、その修行には大乗仏教一般の六度と、真言密教では独自の三蜜行がある。それは自然と一体になる行であって、これによって修行すべき何物もない境地にまでいたったことを、「大悲を根とす」という。汗の字は損減、損得を単に表すのではない。それは自然と一体となるための具体的な行動規範である。これは西欧的な功利主義的論理、損得勘定からの脱皮宣言である。

最後に、「方便を究竟となす」とは、これ以上為すべき修行はまったくなくなった状態、つまり、自我は涅槃、或いは悟りの状態になる。一度、ここに至った者は日常生活の営みこそが真実を生きる利他の方便行となる。麼の字は単に吾我を表すのではなくて、その彼方にある涅槃の状態を示すのだという。苦痛から解放された人々が示す、あの穏やかな表情に私はこのような心境を感じ取るのである。

さて、この部分、つまり吽字義の中核部分の解釈については、私は分不相応で、息絶え絶えで辛うじて終わりまでたどりついた。私が語るべき部分は、むしろ次章なのである。

五．臨床における「終わる」こと

空海の語りを導きの糸として、治療における苦痛の「終わり」について、私なりに文章を書くことにする。人の心の中で不可能が現実化する瞬間、つまり苦痛が終わり新しく始まる瞬間を文字で描くこと。それが、このエッセィの本来の目的である。

空海流に言えば治療論の本質は次のようになろう。

治療者は種々の否定や肯定の論理を積み重ねて治療論を操り、このようにすれば生きる苦痛を除去することが出来たと語りたくなるものである。しかし、そのような努力は本来の真理とは何の関係もない。種々の考えに従って苦痛を解決したと言うけれども、それは見かけのことである。本当は、全ての苦痛は人が自ら作り上げたものである。取り去るべき苦痛も、手に入れるべき幸福も初めから実態としては存在しない。従って、それを取り除く技法などは本来的にない。ただ即時即今の大現実のみが、生々しく息吹くだけである。

そのような大現実の中で、それまでの苦痛に支配された自己が終わるときが自然にくる。不可能が可能になる瞬間が来る。それは自然に来るのである。自然の時が熟すのである。それは木が、はじめ種子より発芽し、成長して茎葉繁茂し、やがて開花結実する如く、自然に成就する。自我の背後にある大きな自然の流転の中で自ずと変化が起きて、それが自我の背後から自我へと響きわたる。

そして、その大きな変化が狭小な自我を溶かし込む。そこに新しい大きな自己が形成される。この変化が生じたとき、人は「私は今まで何と詰まらないことにとらわれていたのか」と語る。そのとき、狭小な個別的自己にのみとらわれていた「私」が、突如として人の気持ち、他者の苦しみ悲しみを理解する大きな自己に変化する。「とらわれ」から解放される。今、新しく生まれ出た自己は既に今までの個別的自己とは質的に異なる。新しい自己は自然と一体であって、自然的自己と名付けるに相応しい。森田正馬流にいえば、それは「あるがまま」の自己である。

苦痛の終わりは、このように個別的自己の終わりと自然的自己の発現によって自然的に成し遂げられる。空海流に言えば、背後に隠れていた「阿」の字が発現するのである。自然的なプロセスが「私」を支配するのである。それ故に、人はあの穏やかな表情を自ずと浮かべ、治療者は不可能になったと感じ、奇跡が起きたと感じるのである。しかし、それは人が本来の姿に戻ったに過ぎない。治療者に必要な技法は、その奇跡的な瞬間が生じたことを認知し、そのことを本人に告げて確認することである。このとき治療者の役割は他者の「生」の目撃者であり証人となることである。

六．おわりに

治療論で最も重要であるが言葉にするのが困難な部分、つまり、人の心が持つ自然的な治癒過程の本質について、特に自然論を基礎において大胆な考察を行った。自然の世界は深く素朴な「祈り」

の世界でもある。しかし、私自身、宗教への過剰な警戒心の中で育った。私のように個別宗教を持たない者にとって、自然にまつわる考察はタブーの領域に属していた。漸く、空海の力を借りて考察することができた。読者は私と歩みを共にして下さっただろうか。

最初に挙げた「うつ」病男性の言葉の意味は、空海の言葉を借りると判りやすくなる。狭小な「我」に囚われていた私が、大地（「阿」の字）の上にスッキリと背筋を伸ばして立つ自然的自我へと変容した姿を語ったのである。不可能が起きたのである。

ここで取り上げたのは、いわゆる自然的な治癒過程についてである。しかし、自然治癒とはいえ、それに気付き、それに関わり、それを生かすのは治療者の役割である。そのような私の考えに読者は納得されるであろうか。

この小論が小手先の技法論に傾斜した現代治療論を補正し、本来的な治癒論、乃至は、臨床人間学的な治療論へと回帰する一助となることを願い筆を置くことにする。

JCOPY 88002-172

参考文献

（1）福田亮成：現代語訳　即身成仏義．ノンブル社（1990）
（2）福田亮成：声字実相義．ノンブル社（2002）
（3）児玉義隆：梵字でみる密教．大法輪閣（2002）
（4）那須政隆：即身成仏義の解説．大本山成田山新勝寺成田山仏教研究所（1980）
（5）那須政隆：声字実相義の解説．大本山成田山新勝寺成田山仏教研究所（1982）
（6）那須政隆：吽字義の解説．大本山成田山新勝寺成田山仏教研究所（1985）
（7）小田慈周：吽字義講説．十巻章講説　上巻、288-483．高野山出版社（1984）

エピローグ
…新たなる自然論へ…

本書の目的は、現代科学論の中で崩壊した超越論的な自然論を再構築することである。つまり、本書で私が提示したキーワードは誰でもが知っているはずの言葉、「自然」である。但し、ここでいう自然とは単なる客観存在ではない。「自ずから然り」であり、心の深奥を含んだ神秘性を持った自然であり、霊的存在そのものでもある。

フロイト・Sは宗教と同じサイズの「もう一つの何か」を探求し続けた。結局、彼の試みは「神話学」であった。背後に隠れてあり普遍的なもの。空海も又、全ての起源であり、秘められたものを「阿」文字に見た。それは大自然と同義であった。土居健郎の「甘え」の中に私は同じく深い精神性の世界を見た。

私の知る限り三者は個別を超えた所にある普遍的真実を求め続けた「智者」であった。結局、彼らが見たのは人間の内にあり、己自身を越え出でる「大自然」の深みであった。

心の臨床で治療者が必ず問われる困難な問。つまり、「人は何故、生きるか」、「人は如何に生きるか」という問。つまり、「生」の問。それは自殺希望者が問う、「何故、死んではいけないのか」と表裏一体である。古今東西、尖端的頭脳が取り組んで、単一明白な答えは得られない問である。しかし、人はこの問を問い続ける。心の治療者は、この問を持った人に如何に応えれば良いか。そもそも自分自身に何と応えれば良いのか。私は私なりにその問に本書で応えようとした。

この問の存在によって、既に、人は深い精神性、スピリチュアリティの世界へと踏み込んだ。

最近までは、哲学や宗教がこの問に応えてくれた。しかし、今は「神の殺害」の時代である。多くの聖職者や哲学者が権威の座から滑り落ちた。そして、人は「生」の問題を治療薬で解決しようとする。しかし、薬が有効になったときこそ、「生」の問が治療者に語られる。それは本当の心の臨床が始まる時にすぎない。

治療の背後には「生」の問がある。臨床という場には答える術を持たない精神科医や心理士が居るに過ぎないことを人は知っているはずなのに。何故、彼らは心の臨床に不可能な問を持って来るのか。多分、確かな答えがないことを、現代人の多くは本能的に感知しているのである。それ故に、自分の「生」の実際的な相談を個別的宗教者や個々の哲学者に求める気にはならないのであろう。今や、「生」の問を実際的に取り扱うのは心の臨床家なのである。

私が「自然」という言葉に求めたものは、今にして思えば、個別宗教を超えた宗教性、個別哲学を超えた哲学性の世界だった。それがスピリチュアリティの世界だった。土居健郎はその世界を「隠れた信仰」、或いは、「隠れた祈り」の世界と名付けた。個別宗教を超え、しかも、個別性を否定しない「何か」、個別的で、且つ、普遍的な「何か」への強い希求が、そこには在った。

人のなかに在る大自然。個別を超えた普遍、隠れた絶対者への直感。一つの党派的宗教、一学問分野としては成立し得ない「知」への挑戦。個別性を超えて普遍なものとして在る「何か」。単一明白な答え、絶対的答えを欠く「何か」。私はそれを「欠如」と名付けた。そして、それ自体を認識の出発点とした。そこに現代人に許された唯一の知恵を見た。その欠如の上に思考を組み立てたのがこの本である。精神科医で僧侶の資格を持った先輩には「欠如は元々そういう意味だよ」と簡単に応えられてしまった。やはり、個別宗教に徹し、それを超えた人にはかなわない。でも、無宗教と凡庸にとどまり思考することも、臨床で患者と共に歩む治療者には大事なことと思う。

どの信仰を持とうと、どの学問、職業を選ぼうと、何を信じようと、その人の思考の価値は、それら全てを超えたところにある。個別性の彼岸に普遍的で確かなものが確かに在る。「自ずから然り」の真実が在る。

個別的な自己を超えた自然的な自己への覚性。

グローバル化がこれまで普遍とされていた宗教・思想を相対化してしまった。その中に生き残るべき「隠れたもの」に対する感性。本来の宗教性、思想性、精神性。それは少なくとも私にとっては、実に、蒼古的でありながら極めて現代的で斬新なものであった。

現代的自由が人の思考を閉塞する。自由の彼岸を見たい。

そう思って書いた彼岸の本である。本書が読者の話し相手になれば幸いである。

本書を書くに当たり、直接的に相談することは差し控えたが、土居健郎先生との出会いの体験が基礎にある。私は既に土居健郎先生に関する研究書を二つ書いている。「『甘え』理論の研究」（星和書店）、「『甘え』と精神療法」（岩崎学術出版）である。後者で私は「もう一つ土居先生の研究書を書く」という予感を述べた。本書はその約束の履行でもある。そして土居先生の思考の深みを、本書で少しでも後進の者に伝えたいと思う。土居先生は今、御自宅で病気療養中である。私は訪問を控えていたが、この春、先生を訪問させていただいた。そして、私が今、先生に対して出来ることは、この本を書くことだけだと痛感した。本書を書くことによって、今まで私や他の後進達に多くのものを教えて下さった土居先生へ、心からの感謝の意を表したいのである。先生が私に身をもって教えて下さったことを後進の者に語り伝えたいのである。今は先生に本書を届ける日を楽しみにしている。きっと、喜んでいただけると思う。

そして私と同じく「生」の問に関わる方々、患者であれ、治療者であれ、宗教者であれ、哲学者であれ、詩人であれ、本書が何らかの応答になれば著者として、これ程、光栄なことはない。

最後に、この本を書いている間に私は大きな出会いを幾つか体験した。一人は高野山無量光院の御住職、土生川正道先生である。先生が私の仕事に示して下さった関心は私には何よりの励みとなった。実際にはこの著作はその時から始まったと言っても良い。そして先生を介して俳人黒田杏子先生と出会った。杏子先生から私は言葉に宿る大きなものの存在を改めて学ばせていただいている。そして、本書に聖なる梵字を引用することを快く承諾してくださった児玉義隆先生に心からの礼を述べたい。さらに、この難解な書の出版を快く引き受けて下さった新興医学出版社の服部治夫氏の励ましに感謝したい。

二〇〇九年四月八日　母ハル九六歳の誕生日に記す

著者

初出一覧

この本はオリジナルな書き下しの部分と次の論文に加筆したもので構成されている

（1）臨床における「信じる」ことの一考察―土居健郎論文、「精神療法と信仰」を再読する．こころの健康、23―2：49―60（2008）

（2）「自分」と自我論．北山修 編、「自分」と「自分がない」、星和書房、P3―18（1997.4）

甘えと罪の心理学―土居健郎とFreud,Sにおける超自我論・再考―

（3）甘えと罪意識の心理学―土居健郎とFreud,Sにおける超自我論・再考．こころの健康、24―1：(2009)

（4）「父なるもの」の回帰．AZ 31：80―87,1994

（5）臨床という名の「心」の探究．駒沢学園心理相談センター紀要、3：43―50（2006）

（6）治療における「終わる」こと再考―空海「吽字義」を読む．こころの健康、23―1：71―78(2008)

著者略歴

熊倉伸宏（くまくら　のぶひろ）

1969年　東京大学医学部卒業

1978年　東京大学医学部助手

1981年—1982年　英国Fulbourn病院，およびMRC精神医学研究所に留学

1988年　東邦大学医学部助教授

1994年　東邦大学医学部教授

2006年　メンタルヘルス・コンサルテイション研究所開設

現在に至る

著書

「甘え」理論の研究（伊東正裕共著）星和書店　1984年，「甘え」理論と精神療法　岩崎学術出版社　1993年，臨床人間学—インフォームド・コンセントと精神障害　新興医学出版社　1994年，医学がわかる疫学（監訳）新興医学出版社　1996年，社会医学がわかる公衆衛生テキスト（編著）　新興医学出版社　2000年，死の欲動—臨床人間学ノート　新興医学出版社　2000年，面接法　新興医学出版社　2002年，精神疾患の面接法　新興医学出版社　2003年，メンタルヘルス原論　新興医学出版社　2004年，心の探究　誠信書房　2006年

「甘え」とスピリチュアリティ

土居健郎、フロイト、空海、そして「私」　2009©

発　行　第1版　2009年8月14日　定価はカバーに表示してあります

著　者　熊倉伸宏

発行者　服部治夫

印　刷　株式会社 藤美社

検印廃止

株式会社 新興医学出版社

〒113-0033　東京都文京区本郷6-26-8

電話 03（3816）2853　FAX 03（3816）2895　郵便振替 00120-8-191625

ISBN978-4-88002-172-0　乱丁・落丁本はおとりかえします。